AUX ENFANTS DE MARIE

MARIA LE CHAPLAIN

DE GRANVILLE

SIMPLE HISTOIRE

D'UNE BELLE AME

DANS SA FAMILLE ET A LA PENSION

MEAUX

IMPRIMERIE ET LIBRAIRIE CH. COCHET

16, Rue Saint-Etienne, 16

1878

MARIA LE CHAPLAIN

SIMPLE HISTOIRE

D'UNE BELLE AME

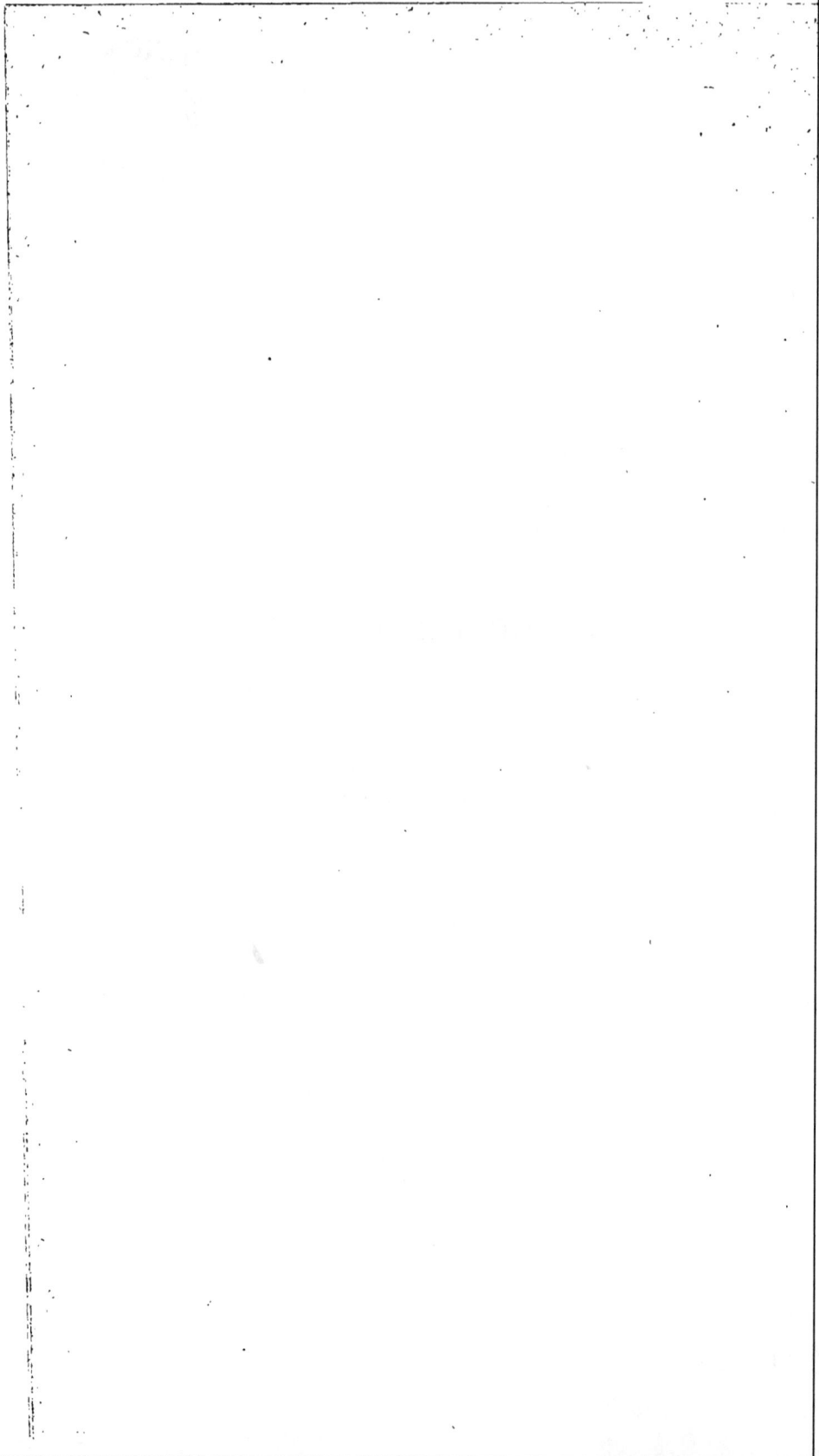

AUX ENFANTS DE MARIE

———

MARIA LE CHAPLAIN

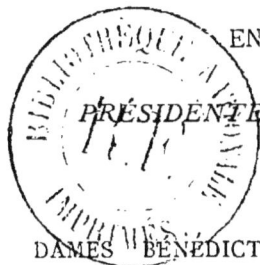

ENFANT DE MARIE

PRÉSIDENTE DE LA CONGRÉGATION

AU COUVENT DES

DAMES BÉNÉDICTINES DE VALOGNES (MANCHE)

———

SIMPLE HISTOIRE D'UNE BELLE AME

D'APRÈS LE JOURNAL DE SES PENSÉES INTIMES,
SES LETTRES; LES SOUVENIRS DE SA MÈRE, DE SES MAITRESSES
DE CLASSE ET DES ÉLÈVES DE SA PENSION.

———

MEAUX

IMPRIMERIE ET LIBRAIRIE CH. COCHET

16, Rue Saint-Etienne, 16

—

1878

A Mme Vve LE CHAPLAIN

A GRANVILLE

MADAME,

La douleur que vous éprouvez depuis le départ de votre enfant pour le ciel ne peut être adoucie que par le souvenir de ses vertus et l'espérance d'aller un jour la rejoindre. Est-il vrai que nous l'ayons perdue ? Avant de mourir, elle disait : « Laissez-moi partir, je vous serai plus utile là-haut que sur cette terre ». L'excellente enfant partit donc pour un séjour meilleur, le soir de la Toussaint, comme elle l'avait si ardemment désiré ; mais en nous quittant, elle disait : « Au revoir ! bientôt vous viendrez avec moi dans le beau ciel ». Et elle mourut de ce mal inconnu qui ne peut être guéri que par la vue de Dieu !

En mourant, elle nous laissait un précieux gage de sa vertu, je veux dire ses lettres et le journal de ses pensées. Vous m'avez tout fait parvenir, Madame, et cette marque de confiance, dont je vous remercie, m'a vivement touché. J'ai même osé vous demander vos souvenirs sur sa dernière maladie, sachant bien que

je ravivais des blessures trop cruelles !... Ces souvenirs, vous les avez écrits d'une main mal assurée sur
des feuilles qui ont gardé la trace de vos larmes,

Aujourd'hui; je vous rends le dépôt que vous m'a-
viez confié. Cet écrit, simple histoire d'une âme
innocente et généreuse, pourra-t-il vous consoler?
Hélas! je tremble qu'il ne vous cause de nouvelles
douleurs, en vous faisant mieux apprécier le trésor
que vous avez perdu. Pourrez-vous voir, sans un
chagrin nouveau, la peinture qu'elle traçait d'elle-
même avec une admirable candeur?

Rappelez-vous, Madame, la consolation qu'elle
apportait à sa naissance. Si Dieu vous l'a reprise,
avant que la malice du monde ne l'eût atteinte,
oseriez-vous vous plaindre? Si votre Maria était mûre,
à vingt ans, pour le ciel, son bonheur ferait-il votre
désolation? Vous savez, mieux que personne, ce qu'il
faut penser de sa belle vie, ce qu'il faut espérer de sa
sainte mort : que son repos, après les fatigues de la
lutte, vous console quelque peu d'un départ qui fut
prématuré au gré de nos désirs. « C'est elle, me
disiez-vous, qui aurait dû me fermer les yeux. » Cela
est vrai, au cours ordinaire des existences humaines :
mais pour certaines âmes d'élite comme celle de votre
enfant, il existe de tels priviléges devant Dieu que la
douleur d'une mère, si cuisante qu'elle soit, n'en
pouvait retarder la réalisation bienheureuse.

Que Celui qui vous l'avait donnée et qui vous l'a
reprise vous console, pauvre mère, et qu'Il vous rende
un jour votre trésor! Que de fois je l'ai demandé

pour vous ! Vous êtes chrétienne : Eh bien ! si vous m'en croyez, Madame, nous bénirons Dieu de ses apparentes rigueurs ; car, en nous détachant des tristesses de la vie, ces coups de Providence nous rapprochent d'autant plus de notre commune félicité.

Au cours de ce récit qui est à vous, puisqu'il est fait presque tout entier par votre chère enfant, vous verrez que le cri ordinaire de sa belle âme fut continuellement : « Le ciel ! gagnons le ciel ! A tout prix allons au ciel ! » Plus que jamais, Madame, que ce cri soit le vôtre : je ne connais point de meilleur baume à vos inconsolables douleurs.

Voici donc, je ne dirai point la *vie*, mais *l'âme* de votre chère défunte : voici ses pensées intimes, les reliques de sa candeur ; je vous les rends : si je puis, en vous faisant pleurer, vous faire du moins un peu de bien, j'aurai atteint le but que je me proposais : que Dieu en soit maintenant et à jamais béni !

Valognes, le 19 Mars 1877, en la fête de saint Joseph, notre Protecteur.

CHAPITRE PREMIER

COMMENT LA CHÈRE PETITE, CONSACRÉE A LA SAINTE
VIERGE AVANT SA NAISSANCE, FUT POUR SA MÈRE UNE
ENFANT DE BÉNÉDICTION.

L'enfant ardente, généreuse, dont nous allons
raconter la vie, naquit à Granville le 23ᵉ jour de
mai 1857. « *Mois de Marie*, disait-elle au commencement de mai 1876, six mois avant sa mort, *mois
de Marie, mois béni. Je ne sais vraiment pourquoi toutes les grâces me sont venues à la fois dans
ce mois de bénédiction. Mon baptême, ma première
communion, ma confirmation, ma réception d'Enfant
de Marie, tout s'est fait à la même époque.* » —
« *J'ai reçu*, dit-elle ailleurs, *une pénitence qui m'a
fait beaucoup de bien : celle de méditer le* Souvenez-
vous. *Oh! oui, souvenez-vous, ma mère, que je
suis votre enfant, souvenez-vous que j'ai reçu le
jour dans le mois qui vous est consacré, souvenez-
vous que j'étais sous votre protection avant même
d'être devenue l'enfant de Dieu; souvenez-vous que
je vous ai beaucoup aimée. Je suis votre enfant,
montrez-vous ma mère, je le suis à jamais.* »

Elle fut donnée à sa mère, alors abreuvée des peines les plus cuisantes, comme une spéciale bénédiction du ciel. Elle venait la septième, la dernière d'une union trop tôt brisée, seule fille accordée aux instantes prières de la femme éprouvée qui la consacra à Marie, avant sa naissance, et promit de lui faire porter le nom de la Sainte Vierge. « Quelques mois avant que Dieu ne me l'eût donnée, dit la mère dans une notice que nous aurons l'occasion de citer souvent, prévoyant pour ainsi dire tous les malheurs qui me sont arrivés, je désirais vivement une petite fille, sans oser espérer que Dieu me donnerait cette consolation. Cependant je promettais de la bien élever et de la consacrer au bon Dieu et à la sainte Vierge. »

Aussi eut-elle toute sa vie une dévotion admirable à la Reine du ciel, jusque là que lui demander si elle aimait la Très-Sainte Vierge ou sembler en douter lui était une peine très-sensible. Au seul souvenir de celle qu'elle nomme toujours « sa bonne mère du ciel » on pouvait tout obtenir de son âme impétueuse ; aussi fit-elle toujours profession de ne savoir rien lui refuser : « *c'est pour la Sainte Vierge,* disait-elle : *eh bien ! soit ; mais autrement bien sûr que je ne le ferais pas* ». Ces sortes de combats se manifestaient d'ordinaire quand on lui imposait quelque acte humiliant que sa fière nature répugnait à accomplir : mais elle apprit à l'école de Nazareth les actes les plus pénibles de la vertu d'humilité. Et c'est apparemment à une dévotion si particulière que l'on doit attribuer la candeur naïve qu'elle conserva, même avant l'époque de sa conversion à la ferveur, et qui fait, avec sa générosité ardente au bien, le caractère distinctif et comme le trait dominant de sa belle âme d'enfant. — « Dans le monde, écrivit-elle vers la fin de sa vie, parlant la Sainte Vierge, toute petite j'aimais à aller au pied de votre autel : je vous connaissais à peine et pourtant je vous aimais beaucoup. »

Agée de quelques mois, elle fait aisément le signe de la croix « avec sa petite main qui s'y prêtait si bien qu'on prenait plaisir à le lui voir faire ». — Elle n'avait pas trois ans, qu'elle allait déjà au buffet chercher quelque chose pour les petits enfants. Elle affectionnait particulièrement les pauvres vieillards, donnant souvent, à la maison, en chemin, à la porte de l'église, et battant de ses petites mains par la joie qu'elle éprouvait. — « *Oh! si j'avais été riche, j'aurais eu trop de bonheur*, disait-elle un jour ; *qu'y a-t-il de plus doux que de faire l'aumône? Le bon Dieu ne l'a pas voulu pour que je lui ressemble.* »

L'année de sa naissance, et six jours seulement après le baptême de notre chère enfant, Urbain, son frère, qu'une tempête engloutira dix ans plus tard, faisait à Granville sa première communion ! « Cette chère petite, écrit sa mère, n'a jamais pleuré comme les autres enfants. Je m'en plaignais et l'on me consolait en me disant qu'elle me le rendrait dans la suite avec usure ; ce qui n'arriva pas, Maria ne m'ayant jamais donné volontairement quelque sujet de tristesse. Sa mort seule me cause un chagrin pour toute la vie ! »

Son enfance fut charmante; toujours gaie, bruyante, étourdie, candide, allant de l'un à l'autre en toute simplicité et ouverture, enfant gâtée de tous ses frères, ouverte à tout le monde, sans avoir jamais eu de ces caprices qui sont à charge et engendrent de petites misères. Son bon cœur n'avait déjà aucun refus : elle partageait ses jouets avec ses frères et ne gardait rien de ce qu'on lui donnait. Un jour, chez sa tante, seule au jardin émaillé de magnifiques primevères, il lui vient à la pensée de faire plaisir en cueillant un gros bouquet qu'elle offrira à sa cousine. On la cherchait partout. Elle arrive enfin, toute fière de sa besogne qui détruisait une collection aimée et cultivée avec un soin jaloux. Quand la pauvre petite s'aperçut de la faute involontaire qu'elle avait commise, elle pleura. Mais aussitôt, pour la réparer, elle offrit à sa bonne tante d'aller replanter les fleurs à la place où elle les avait prises, et cette naïveté de son bon cœur termina joyeusement le chagrin qu'elle avait involontairement causé.

A trois ans, Maria répétait fort sérieusement ses petites prières, son « *Souvenez-vous* » et plusieurs cantiques. Comme la maison était toute proche de l'église, jamais elle n'a manqué à la messe d'obligation. On pouvait la porter sans crainte aux offices, longtemps avant l'âge de raison : elle s'y tenait fort bien et ne distrayait personne. Toujours elle aima la maison du bon Dieu, s'y trouvant chez elle, mais particulièrement sa belle église de Granville et sa petite chapelle du couvent. « *J'y ai reçu tant de grâces! Et puis toutes deux sont consacrées à la Sainte Vierge : j'y suis chez moi comme l'enfant de la famille auprès de sa mère : là se passent les moments les plus délicieux de mes journées. On s'y repose du travail et des fatigues du monde; j'en fais le vestibule du paradis..... »*

A cinq ans et demi elle parlait d'aller à confesse. Comme depuis longtemps déjà elle en manifestait vivement le désir, on lui conseilla de se faire accepter par contrebande, en disant au prêtre qu'elle avait *bientôt* sept ans : « *Oh! non*, dit-elle, *ce serait un mensonge.* » Or, toute sa vie elle en eut horreur. Elle alla donc à confesse, et sa petite manière, son langage enfantin charmèrent tellement le confesseur, qu'il permit à la petite de revenir avec les autres, malgré son jeune âge. Comme elle était grande, elle continua d'y aller plusieurs fois l'année, le plus sérieusement du monde, et chaque fois elle revenait à la maison de plus en plus contente.

« Il me semble encore la voir à l'âge de cinq ans et demi, dit la Mère, revenir du confessionnal pour la première fois, monter jusqu'à l'autel de la Sainte Vierge, y accomplir sa pénitence et retourner ensuite avec les autres enfants. Elle était sérieuse, radieuse et pénétrée comme une enfant de dix ans. »

Quoique bruyante et tapageuse, d'une vivacité excessive, elle n'aimait pas à sortir : la maison de sa mère lui suffisait. Il faut dire que ses frères lui étaient tendrement attachés et ne la contrariaient en rien, surtout le bon Urbain qui, devenu marin, lui apportait à chaque voyage quelque poupée et jouissait du bonheur de la petite. Pour le seul plaisir de la voir lui sauter au cou, l'excellent frère se fût privé du nécessaire : c'étaient des cris, des exclamations de joie ; elle eût voulu le retenir ; quand il partait pour un nouveau voyage, il fallait lui fixer l'époque d'un prompt retour. Urbain fut l'une des grandes affections de son âme : hélas ! le pauvre enfant devait bientôt lui causer, par sa mort, une douleur qui la poursuivit jusqu'au tombeau !

A dix ans, elle savait toutes ses leçons et repassait déjà son catéchisme. C'est qu'on lui avait souvent dit qu'après l'avoir appris elle ferait sa première communion. Dans son impatience, elle ne comprenait pas qu'on y mît tant de lenteurs. Grande fut sa joie quand elle se vit admise au petit catéchisme, vers l'âge de neuf ans. Elle ne le suivit pourtant qu'en partie cette première année, à cause d'une indisposition qui se prolongea, sans toutefois inspirer de craintes sérieuses pour l'avenir. Les épreuves qu'elle partagea dès cette époque avec sa mère jusqu'à l'âge de quatorze ans, eurent pour résultat de tremper vigoureusement son caractère. Elle y puisa, outre l'abandon à la Providence, je ne sais quel sérieux et quelle énergie de décision, avec une discrétion rare qu'on remarque en elle à toutes les époques de sa vie. Plus tard, au lit de la mort, elle rappelait humblement, dans l'intimité, certaines journées pénibles où elle avait souffert : « *J'étais heureuse,* nous disait-elle, *d'avoir ce trait de ressemblance avec mon bon maître* ». L'école de la sainteté a toujours été et sera toujours l'apprentissage de la douleur.

CHAPITRE SECOND

COMMENT LA CHÈRE PETITE PERDIT SON FRÈRE URBAIN ET
COMMENT ELLE SE PRÉPARA SÉRIEUSEMENT A SA PRE-
MIÈRE COMMUNION.

L'année suivante, le pauvre Urbain partait pour
son dernier voyage de long cours. Sa petite sœur,
comme d'habitude, lui aida à faire ses malles, le
conduisit au port où elle le couvrit de baisers : puis,
tirant de son cou une petite médaille en or à laquelle
elle tenait singulièrement, elle la remit à son bon
frère, pour lequel elle eût fait sans broncher les plus
grands sacrifices. Urbain partit pour le Havre, en
lui faisant mille promesses affectueuses. Ce fut son
dernier adieu. Du Havre, il partait avec son charge-
ment pour l'Amérique. La traversée fut heureuse.
Le 18 décembre 1867, avant de remonter sur le
navire qui reprenait la route de France, Urbain
écrivait une lettre toute cordiale à sa mère, annon-
çant son prochain retour. La lettre, datée de Rio-
Janeiro, parvint à sa famille. Le même jour, hélas !
comme ils venaient de quitter la rade, une tempête

affreuse se déclare. A cinq heures du soir, le pauvre jeune homme, âgé de vingt-et-un an, entrait en agonie, et le lendemain, après quatorze heures de lutte, il était englouti par la tempête. On était près du port et il fut impossible de leur porter secours. Les vagues avaient plusieurs fois balayé le pont du navire : à une nouvelle secousse, un mât qui tomba lui fracassa la jambe. L'un de ses compagnons, que la chute du mât avait aveuglé, criait au secours. — « Hélas, dit Urbain, mon pauvre Noblet, tu n'y vois plus, moi j'ai la jambe cassée ! » Une nouvelle lame balaya le pont et tous deux disparurent. Urbain essaya vainement de se sauver à la nage : n'en pouvant plus de fatigue, il appelle un de ses camarades : « Tesnières, lui dit-il, je ne puis aller plus loin... je coule... dis bonjour à ma mère... » Et il disparut !

Notre petite Maria prit sa bonne part de l'affreuse nouvelle. Elle a pleuré Urbain des années entières, elle a constamment prié pour lui. Seule avec sa mère, elle ramenait la conversation sur son malheureux naufragé, rappelant en détail toutes les tendresses de son cœur fraternel. Jusque dans sa dernière maladie, ce souvenir la poursuivait. « Quelle tristesse pour moi, dit la pauvre mère, pour moi qui la voyais mourir, de l'entendre parler de notre Urbain et assurer qu'elle souffrait pour lui, qu'il était en purgatoire et attendait que sa sœur le fit entrer au ciel ! » — Cette première blessure fut la grande douleur de sa vie.

Si les témoins du fait que je vais raconter n'étaient

pas vivants et dignes de toute confiance, si la mère ne l'attestait positivement, j'hésiterais à parler du pressentiment que la petite avait eu de ce malheur avec son plus jeune frère. Ils étaient seuls à la maison, Madame Le Chaplain se trouvant en prières à l'église de Notre-Dame, tout près de leur habitation. Pendant qu'ils jouaient ensemble, un bruit extraordinaire les frappa, comme celui d'un homme qui se débattait dans la mer, au point de les faire crier. Une voisine accourut : « Pourquoi criez-vous ? » leur dit-elle. Tous deux répondirent : « Nous avions peur, nous avons entendu quelqu'un qui se noie dans la mer ». Et Maria seule ajouta : « *C'est mon bon frère Urbain qui se noie* ». La mère étant revenue presqu'aussitôt, les trouva si pâles qu'elle leur en demanda la cause. En vain essaya-t-elle de les calmer, les pauvres enfants restèrent frappés de stupeur et elle comprit plus tard l'avertissement qui lui avait été donné, à l'heure même où son fils mourant avait besoin de ses prières. « Je les consolai de mon mieux, dit la mère en affirmant ce fait extraordinaire, et nous priâmes ensemble. » Quelques jours après, l'affreuse nouvelle venait confirmer les appréhensions des deux enfants, et Maria promettait de toujours porter le deuil d'Urbain, de prier chaque jour pour lui : « Ce qu'elle a fait chez nous, dit la mère, sans y manquer, jusqu'à son âge de quatorze ans ». — A dix-neuf ans, mêmes regrets et mêmes souvenirs : toutes ses lettres en font foi. L'année même de sa mort, au jour anniversaire, elle écrivait : « Je ne saurais oublier celui dont le seul nom fait encore couler mes larmes en abondance. Il a, ce bon, ce cher Urbain, ce fis si dévoué, ce frère si aimable, une bien grande part dans mes pauvres petites prières. Prions beaucoup la Sainte Vierge de le délivrer des flammes du purgatoire; il l'aimait tant pendant sa vie ! »

Ainsi frappée dans ses affections les plus chères, la bonne enfant se préparait plus sérieusement que jamais à sa première communion. On voulait la retarder à cause de son jeune âge. Elle mit dans ses intérêts Monsieur le curé de Notre-Dame qui vint lui-même à la maison en parler à la mère et lui demander d'y consentir. Rassurée de ce côté, Maria ne pensa plus qu'à la grande action : « Ses conversàtions, ses pensées, ses actions devinrent sérieuses. Ses lectures étaient choisies, sa préférence était pour les livres qui traitaient du Saint-Sacrement. Au reste, jamais elle n'a lu un mauvais livre ni un feuilleton. La semaine de la retraite, elle aspirait après l'absolution « pour être, disait-elle, à son Jésus, et ne plus l'offenser ». On lui avait confié la conduite de ses compagnes au confessionnal et à l'entrée comme à la sortie du catéchisme : « Laissez Maria, disait à sa mère le prêtre qui faisait le cours, laissez-la avec vos enfants, elle les tient parfaitement ».

L'année du grand catéchisme, pendant qu'elle se disposait de son mieux à la première communion, Maria eut beaucoup à souffrir, placée qu'elle était à côté d'une enfant méchante et mal élevée qui se fai-

sait un jeu cruel d'attirer sur la pauvre petite les
humiliations et les reproches. L'hypocrite y trouvait
un double avantage : celui, premièrement, de tromper
d'une façon adroite le prêtre chargé de les instruire,
en se délassant méchamment des ennuis du catéchisme, et ensuite la joie de persécuter sa voisine
innocente. La justice se fit enfin, après que Maria
eut bien pleuré, et la véritable coupable se vit punie
comme elle le méritait. Débarrassée de ce chagrin,
elle apporta, aux approches de la grande action,
toute la ferveur d'une âme aimante et pleine de foi.

La lettre qu'elle écrivit la veille, au soir de sa
première absolution, témoigne de ses sentiments et
de son excellent cœur. « Bien cher et vénéré pasteur,
si je n'avais écouté que ma timidité, jamais je n'aurais osé venir vous témoigner les sentiments de gra-
titude et de reconnaissance dont mon cœur est
rempli pour vous. Mais je sais que vous êtes le représentant de Celui qui a dit : Laissez venir à moi
les petits enfants. J'aurai le bonheur de recevoir
demain Notre-Seigneur Jésus-Christ : C'est à vous
que je le dois. Vous m'avez pour ainsi dire prise
par la main pour me conduire au pied de l'autel où
Jésus m'attend. L'ami, le père, la providence de ma
famille, c'est vous, Monsieur le Curé ! Comment
donc voulez-vous que je ne vienne pas, dans ce moment, vous dire merci et prier Dieu qu'il vous donne
de longs jours ? Demain, quand mon Jésus sera descendu dans ma poitrine, je lui dirai : Seigneur,
donnez la santé à notre vénérable pasteur ! Comme

vous, il passe en faisant le bien ; oh ! qu'il reste
longtemps, bien longtemps, au milieu de ses chers
paroissiens dont il adoucit les peines en leur faisant
connaître et pratiquer votre divine religion ! »

Elle conserva de ce grand jour l'impression la
plus salutaire. Son petit livre de messe, qui lui avait
servi pour la sainte action et la première entrevue
avec son Dieu, personnifiait à ses yeux ce beau souvenir. Désormais elle s'en servira, mais aux grandes
fêtes seulement, les jours de communion. Elle désirait le conserver toute sa vie avec le plus grand soin.
Aussi, prit-elle la précaution de se munir d'un livre
moins beau, afin de se réserver l'autre dont elle
usait à chaque messe de communion. L'action de
grâces terminée, elle le renfermait soigneusement
dans un étui jusqu'à la communion suivante. Le
plus grand sacrifice que Dieu lui imposa en nous
quittant fut de s'en dessaisir. « *Voici*, me dit-elle,
*l'un de mes trésors ; c'est mon petit livre de première
communion. Il m'en coûte beaucoup de m'en priver :
mais puisqu'il me faudra être pauvre, je vous le
confie. Gardez-le jusqu'à ma profession.* » Aujour-
d'hui ce livre est entre les mains de la bonne et
courageuse mère, qui le garde comme une relique
de son enfant. Maria disait de ce livre : « Il n'est pas
beau, c'est vrai ; mais à mes yeux il paraît le plus
beau de tous ». La mère n'en dit-elle pas autant
aujourd'hui ? Qu'il la console d'un départ, hélas !
prématuré !

CHAPITRE TROISIÈME

Les trois années qui suivirent la première communion n'offrent rien de remarquable. Retirée chez elle avec sa Mère, la chère petite partageait tout avec elle, joies et douleurs. Le départ des aînés qui faisaient leurs études la laissait souvent seule à la maison. Sa cousine Julia elle-même lui manquait pendant le temps qu'elle acheva son éducation au pensionnat de Valognes. L'église de Notre-Dame où elle allait chaque jour, l'école qu'elle fréquentait, sa petite chambre d'où elle voyait l'église, le mouvement de son Granville qu'elle affectionna jusqu'au dernier moment, les promenades sur la grève, quelques excursions de vacances: tout cela n'a point laissé un souvenir particulier dans la mémoire de ses amies. Sa mère elle-même ne fait mention que d'une seule chose, c'est que, avant même l'époque de sa ferveur, elle se traitait dûrement. « Dans le dernier hiver qu'elle passa avec moi, je me souviens, dit Madame Le Chapelain, qu'elle évitait d'approcher du feu ». Elle avait treize ans alors. Comme il lui était arrivé toute jeune de tomber dans un brasier, on aurait pu croire qu'elle en avait instinctivement horreur, trois gros charbons lui étant restés collés au front. Mais on en connut par hasard la véritable cause. Ses mains étaient horriblement gonflées et la faisaient beaucoup souffrir. Sa mère ayant voulu y apporter remède : « *Bah*, dit-elle, *ce n'est rien : il faut bien que je m'y habitue* ». Elle en fit, au mois de mars suivant, une maladie. Le froid lui occasionna un mal de tête si violent, qu'on craignit dès ce moment un épanchement au cerveau. « Mais Dieu ne la voulait pas à cette époque : il la réservait pour une plus belle couronne ».

Déjà l'on remarquait en elle cet abandon à la Providence qui ne s'étonne de rien et ne trouve rien d'impossible. Quoique la plus jeune de la famille, elle relevait tous les courages. « *Allons*, disait-elle, *pourquoi nous défier du bon Dieu? Prions, il ne va pas nous abandonner. Petite Mère, ne te désole donc pas; s'il le faut, j'irai partout pour te venir en aide.* » Son âme, vigoureusement trempée, puisait une force nouvelle dans une pleine confiance en Celui qui se fait toujours le soutien de la veuve, le père de l'orphelin. Elle n'a jamais douté ni de la bonté de Dieu, ni de sa Toute-puissance. Son bon cœur lui donnait une telle certitude du succès de sa prière, qu'elle en parla toujours avec une assurance naïve que Dieu se plaisait à exaucer et à bénir.

En 1871, la terrible épidémie de la petite vérole s'ajouta aux désastres de l'invasion allemande. A

Granville le mal sévissait avec violence et la famille Le Chaplain eut sa bonne part de l'épreuve. Maria, qui allait prendre ses quatorze ans, fut la première atteinte : « La tête se prenait, dit la mère, et en la voyant si mal, Henri me disait : « Ma pauvre maman, prépare-toi, c'est un sacrifice que Dieu va nous demander ». Et, en parlant ainsi, l'excellent jeune homme pleurait à chaudes larmes.

A peine était-elle remise que Madame Le Chapelain elle-même prenait la maladie et pensait en mourir à son tour. Maria convalescente passa cinq jours sans vouloir se reposer, jusqu'à ce que l'espoir de sauver sa mère presque mourante lui fût donné et calmât ses inquiétudes. « Elle avait passé cinq jours et cinq nuits à me soigner, ne me quittant pas une minute, tant elle était inquiète. Les sœurs du Sacré-Cœur, apprenant la fatigue et le dévouement de ma chère petite, vinrent lui aider. Il était temps, elle serait morte à la peine. Le dimanche, qui était le cinquième jour, Emile fut pris à son tour. Je n'en finirais pas si je rappelais tous ses bons soins, ses bonnes paroles d'encouragement. Le docteur, qui craignait pour ma vie, en avertit la bonne petite qui eut le courage de m'en parler. Pendant sept semaines, elle se fit notre garde-malade. Tout le monde fut édifié de son dévouement et les bonnes sœurs qui la soulageaient la nuit admiraient son amour pour moi et pour son frère. » Enfin la santé revint et notre excellente enfant, appelée par sa tante la religieuse, se disposa, bien à regret, à quitter Granville pour venir au couvent. Elle avait grandi sous la pieuse direction de sa mère; mais à côté de certaines qualités excellentes « on apercevait *pas mal de petits défauts* ».

Son caractère laissait surtout à désirer. Enfant gâtée, elle brisait toute résistance. Cependant dès cette époque, « quand elle venait à la campagne, dit sa cousine, nous lui demandions ce qu'elle ferait un jour, elle nous répondait tranquillement: Moi, je veux être religieuse ». Elle a fait invariablement cette réponse, avant même sa première communion.

On lui tracera plus tard de sa nature vive, ardente, le tableau suivant qui se retrouve dans sa correspondance : « Vous êtes une tempête et un volcan. Vous voulez fortement, vous vous tourmentez à plaisir. L'imagination chez vous est une redoutable puissance qui grossit tout et vous jette dans un bouleversement épouvantable. Peu d'âmes ont des contrastes aussi divers : besoin instinctif d'obéissance et volonté propre qui regimbe et fait la rétive. Pour vous juger sûrement il faut vous connaître de longue main. Le premier abord est en votre faveur, on vous prendrait pour la brebis du bon Dieu. Puis, dans les mauvaises passes, vous détruisez cette impression bonne et l'on trouve une nature opiniâtre qui doit être matée pour votre bien. Cependant la bonne impression de la grâce l'emporte et vous redevenez enfant soumise. — J'écrirais dix pages si je voulais vous peindre au naturel. » Elle n'aura donc que plus de mérite quand elle se sera vaincue et nous verrons bientôt à quel point elle prenait au sérieux l'affaire de son salut.

Elle venait de prendre, au mois de mai, ses quatorze ans, lorsqu'aux vacances suivantes, le calme étant revenu en France, la tante, religieuse bénédictine de Valognes, résolut, avec le consentement de ses supérieurs, de procurer à sa jeune nièce l'avantage d'une éducation religieuse dans la communauté qu'elle habitait. Elle écrivit à la mère de la jeune fille et lui fit des propositions que celle-ci, dans l'intérêt de sa chère enfant, accepta volontiers, quoiqu'il lui en coûtât de voir s'éloigner l'unique consolation de sa vie retirée et solitaire. Le sacrifice était réciproque, car la jeune Maria, accoutumée tant soit peu à l'indépendance, n'envisageait pas sans une sorte de tristesse la vie réglementaire d'une pensionnaire et surtout d'une pensionnaire Bénédictine, à vingt lieues de Granville qu'elle n'avait jamais quitté. Ajoutons à cela qu'il fallait dire adieu à une mère qu'elle chérissait, pour aller si loin, près d'une tante qu'elle ne connaissait pas et que son imagination ardente lui représentait sous un aspect dur et sévère. Le départ eut lieu cependant et, au mois d'octobre, notre Maria fit son entrée à la communauté.

CHAPITRE QUATRIÈME

OU L'ON VOIT QU'EN ARRIVANT A LA PENSION « LA CHÈRE
PETITE AVAIT PAS MAL DE PETITS DÉFAUTS ».

Il faut bien dire qu'à première vue l'aspect de cette jeune fille grande et forte, aux allures granvillaises et tant soit peu martiales, ne nous séduisit guère, écrit une de ses maîtresses, et il n'est pas jusqu'à la bonne tante qui ne se prît à dire tout bas : « Ah ! mon Dieu, que ferai-je de ce garnement-là ? » On essaya pourtant de l'initier aux usages du pensionnat. Le point du silence fut peut-être celui qu'elle comprit le moins : le dortoir, que tous les règlements consacrent, n'était pas plus respecté que les autres lieux réguliers où le silence est commandé. Quelques jours après son entrée (c'était le premier dimanche), ayant trouvé dans sa cellule une paire de souliers qui lui étaient destinés, notre Maria, accoutumée aux bottines, les considère attentivement, puis les prenant par les attaches, invite les élèves à admirer avec elle le bon goût de sa tante : *«Avez-vous jamais vu, Mesdemoiselles, une chaussure pareille ? Décidément je crois que Madame ma tante prétend me donner ici des charrettes à conduire !* » Et la voilà qui exécute la danse qu'elle appelle « *aux souliers ferrés* ».

Toute la journée s'en ressentit ; la méchante petite Granvillaise, d'un ton maussade et provocateur, frappait du talon comme un soldat, arrêtait ses compagnes, leur montrant sa belle chaussure : « *Voyez, voyez*, disait-elle, *comme cela va bien avec ma robe à volants ! Quel bon goût ont les Dames religieuses ! Vraiment, madame ma tante a perdu l'esprit ! ou plutôt.. on ne perd que ce que l'on a..* » Puis elle prétend qu'on lui blesse *ses petits pieds...* En un mot, ce fut l'événement de la journée au pensionnat. Le midi, madame la tante, informée de la manœuvre, veut aborder la petite tapageuse qui fuit dans une autre allée et fait la sourde oreille. Obligée de se rendre, la maligne petite ne cache pas sa mauvaise humeur. J'avais alors, dit la bonne tante, de très-mauvaises chaussures : je les lui fis voir. « *Oh ! vous, madame*, reprit-elle avec vivacité, *vous êtes religieuse, mais moi... avec ma robe à volants !* » La leçon pourtant avait porté son fruit . Le lendemain, il ne fut plus question de la malencontreuse chaussure.

Une autre fois, elle est prise d'idée de ne pas changer de robe le dimanche. C'était un jour du Saint-Sacrement, raconte la tante, on vint me dire : « Venez voir Maria ; elle a sa blouse et sa robe d'hier ». Je m'approche de ma fille en lui disant : « Venez avec moi ». Je la conduis au dortoir, lui demande sa clef, lui donne sa robe, coiffure et le reste sans lui dire un seul mot. Elle retourna toute honteuse à la récréation, disant à une de ses compagnes : « *Je ne puis en jouer à ma tante, car on lui dit tout* ». Sans cette fermeté, elle eut fait à sa tête ; heureusement pour elle qu'on ne lui cédait pas.

En vain cherchait-on à lui faire plaisir, pas moyen d'en tirer parti. Le mot « *merci ma tante* », lui était inconnu : on eut dit qu'elle n'avait pas de cœur. A tout ce qu'on faisait elle répondait par une parole de suffisance : « *Si j'étais chez petite mère, j'aurais tout ce qu'il me faut* ». Ceci est d'autant plus à noter que plus tard, quand elle se fut débarrassée de son orgueil, elle a pu s'humilier, remercier, être reconnaissante jusqu'à souvent me gêner moi-même. « *Oui*, disait plus tard la novice parlant de son passé, *oui, c'est vrai, j'étais méchante au pensionnat, je résistais à mes maîtresses : je leur en ai fait voir, elles me l'ont bien rendu, mais pour mon bien.* »

Du reste, la bonne tante, pour la mater, n'y alla point par demi-mesure. « Ma chère Maria, lui avait-elle dit de son ton le plus sérieux, vous serez toujours ainsi chaussée... si cela ne vous convient pas, je vous donne trois jours pour réfléchir et mercredi on vou reconduira à votre petite mère. » Tous les jours je m'informais, à son insu, de ce qu'elle devenait. Le jeudi, la prenant à travailler avec moi, je lui demandai si elle était décidée à s'en retourner à Granville. J'eus toutes les peines du monde à lui faire dire que

non. Mais quelle tête ! moi-même j'en avais peur.
Pendant quatre mois, elle eut continuellement les
malheureux souliers. Au bout de ce temps, il se
trouva une grande fête. Comme récompense, je
donnai pour un seul jour les bottines si regrettées,
exigeant de ma petite vaniteuse qu'elle me les rap-
portât le soir : on y fut très-exact.

Reçoit-elle des biscuits de Granville ? « Votre
maman, lui dit la tante, vous traite comme une
petite marmotte », et la petite ne veut plus de ces
gâteries d'enfant. « Au lieu d'une maman qui cédait
un peu à sa Maria chérie, elle trouve ici (c'est la
tante elle-même qui parle) une tante qui ne veut pas
que l'on reste déchirée, qui exige bien des choses et
qui sait dire « non » quelquefois (à son grand
regret, mais enfin il le faut). Cela paraît un peu
roide. » Elle ajoute : « Maria n'est pas méchante,
elle a beaucoup de bon, mais cela ne suffit pas ; il
faut du solide à une jeune fille, et je désire
tant qu'elle se forme » ! On verra bientôt que
ces souhaits se réaliseront au-delà de toute espérance. La « tante grondeuse » écrira bientôt à la
mère : « Maria est tout à fait devenue bonne petite fille,
elle s'occupe sérieusement de ses études ». Mais il
faudra pourtant une année entière avant qu'on ne
puisse lui délivrer ce témoignage de satisfaction. Et
alors la nièce dira à son tour : « *Ma tante invente
tous les jours quelque chose pour me faire plaisir* ».

Ses premières lettres nous la font connaître au
vif. — *28 octobre 1871*. « Chère petite mère,

comme tu le vois, je ne suis pas paresseuse à t'écrire; aussi, j'espère que tu m'écriras la prochaine fois un journal, car tu ne me dis presque rien dans tes lettres. Et maintenant, comment vas-tu, chère petite mère, n'es-tu pas malade? oh! je t'en prie, dis-le-moi dans ta prochaine lettre... Les jours où je reçois des lettres de vous je suis bien contente, car te dire qu'il ne m'en a pas coûté et qu'il ne m'en coûte pas encore, ce serait te tromper. Et mon pauvre *Phénix* (son chien favori) l'avez-vous encore, ainsi que mes petits serins? qu'Emile les soigne bien pour que je les retrouve à mon retour... Ma tante, plus je la vois, plus je la trouve bonne; aussi, ne serait-ce qu'à cause d'elle, je ferais tout mon possible pour que tout le monde fût content de moi: elle est véritablement pour moi une seconde mère. Malgré cela, si tu savais combien je pense à vous... Ecris-moi en attendant le bonheur de t'embrasser: c'est le plus grand plaisir que tu puisses me faire: je te quitte, chère petite mère, mais à regret, en t'embrassant de tout mon cœur, ainsi qu'Emile.

Ta petite fille,

MARIA. »

Quinze jours plus tard elle écrit:

« J'attends avec impatience la griffe de mon petit *Phénix*... Caresse bien pour moi mon petit *Phénix*. » Puis elle ajoute avec sa belle simplicité:

« Je suis contente de savoir mes petits serins en
bonne santé. Je suis entrée au couvent, écrit-elle à
son frère, où est notre bonne tante : il m'en a bien
coûté de me séparer de notre bonne mère, mais
c'est pour mon bien. J'espère que quand tu revien-
dras, tu trouveras ta petite sœur bien changée : elle
sera raisonnable au point que tu ne la reconnaîtras
plus. »

La sainte Catherine jette bientôt un rayon de joie
et de gaieté dans sa correspondance : mais sa mère
est si seule ! « Tu dois bien t'ennuyer, les soirées
doivent te paraître bien longues ! c'est ce qui me fait
désirer le retour de Jules : avec lui qui est si gai, tu
ne pourrais t'ennuyer. C'est M. Martinière qui viendra prêcher la retraite : aussi je suis contente, car
il pourra me donner des nouvelles ». M. Martinière
était en effet un ami de la famille.

Elle est bien habituée : « parfois pourtant de
petits moments d'ennui, mais ce n'est rien. Pour
mes études, je crois mes maîtresses contentes de
moi... Ma tante te ressemble tellement que je lui
parle avec la même liberté et la même confiance
que j'avais en toi, chère petite mère, et elle est si
bonne pour moi que je puis encore dire : Je suis une
enfant gâtée... Je vous embrasse tous, à travers
l'espace, un million de fois. Ecrivant « à son gros
Jules » elle avoue « qu'elle était bien maligne » à
son égard. Mais elle va changer et elle l'engage lui-
même à être plus raisonnable. Au reste, dit-elle,
« nous nous aimons bien également ».

Quelques semaines après, sa mère est dans la peine : « Combien je regrette de n'être pas en ce moment auprès de toi! Mais prends courage, le bon Dieu n'abandonne pas ceux qui espèrent en Lui et tu sais qu'il ne nous a jamais abandonnés!... J'ai hâte, je te l'assure, de recevoir une autre lettre de toi ; car si je te voyais encore si désolée, alors je ne pourrais m'empêcher de retourner auprès de toi. Mais j'ai confiance en Dieu et j'espère qu'il aplanira les difficultés et connaissant combien tu as de foi, je suis plus tranquille, ayant l'espoir que tu remettras tout entre ses mains... Je vais te quitter, car j'ai le cœur trop serré pour m'entretenir davantage avec toi : mais je te le répète, prends courage et écris-moi le plus tôt possible. »

CHAPITRE CINQUIÈME

DES EFFORTS QU'ELLE FIT POUR DEVENIR UNE BONNE
PENSIONNAIRE.

Nous avons dit qu'à l'arrivée au pensionnat, la
première impression des maîtresses n'était pas en
faveur de la nouvelle venue. Que ferait-on de cette
petite tapageuse accoutumée à l'indépendance ?

Cependant l'expérience ayant souvent montré que,
sous une forme rustique, brusque et indisciplinée en
apparence, il se trouve d'excellentes natures, des
cœurs généreux, des âmes droites et naïves, les
bonnes maîtresses ne voulurent pas tout d'abord
étouffer les élans de ce caractère ardent. Elles suivirent le conseil de l'excellente Directrice qui répétait sans cesse : « Mes sœurs, ne jugez pas les
enfants à première vue ; soyez un certain temps
avant de les punir et de leur donner de mauvaises
notes : en brusquant et en froissant les sentiments,
on s'expose à leur faire prendre le change et à les
jeter dans le travers ». En conséquence, on étudia
la jeune Maria et on ne se découragea point pour
les petites incartades qui lui arrivèrent de temps à
autre.

Le premier moyen dont Dieu se servit pour exploiter cette âme qui, plus tard, devait lui être si chère, fut la retraite donnée aux pensionnaires par M. Martinière, de sainte mémoire. Cet usage, adopté dans la maison, de donner une retraite, dès le début de l'année scolaire, est assurément l'un des plus efficaces ; il est rare qu'elle ne soit point marquée par quelque changement ou conversion éclatante. Au reste, notre chère enfant y attachait une importance particulière. Reçue aspirante par le Conseil de la Congrégation, le 26 novembre, elle devait, à la clôture de cette première retraite, faire sa promesse de travailler efficacement à se rendre digne du titre d'Enfant de Marie. Sa réception, il faut le dire, était moins une récompense de sa bonne conduite qu'un encouragement à de nouveaux efforts. On savait qu'elle aimait beaucoup la Très-Sainte Vierge, on voyait sa bonne volonté, elle était aimée de toutes ses compagnes ; malgré ses étourderies, elle avait un bon esprit. Elle fut donc reçue et promit aussitôt de faire du mieux qu'elle pourrait la retraite préparatoire. Voici quelles furent ses résolutions :

SOUVENIR DE LA RETRAITE DU 8 DÉCEMBRE 1871, PRÊCHÉE PAR M. MARTINIÈRE.

Résolutions fondamentales.

1° Éviter à tout prix l'objet ou l'occasion dont le démon s'est servi pour me séduire ;

2° Fidélité généreuse au règlement : exactitude
absolue à la prière du matin et du soir, à la communion de tous les mois ;

3° Me rendre compte chaque soir de la manière
dont j'ai accompli les actions de la journée. Étayer
mes résolutions par la prière : « *O ma Souveraine* » ;
ensuite l'invocation : « *Cœur de Jésus couronné
d'épines, ayez pitié de moi!* »

A son âge, avec un tempérament aussi vif que le
sien, l'effet de la retraite ne pouvait être complet ;
au moins prépara-t-il les voies de la grâce et
révéla-t-il à sa chère tante et aux maîtresses du pensionnat ce qu'il y avait de ressources et de générosité dans son âme. Elle comprit qu'il était nécessaire
de réprimer cette dissipation, ce bruyant, qui la
jetait souvent hors d'elle-même et l'empêchait de
profiter des leçons de science et de vertu qui lui
étaient données. Désormais on peut la reprendre.
Vive, ardente, colère, elle s'arrête à un signe : elle a
ses mauvais jours ; mais le soir, avant de s'endormir,
elle demande pardon à Dieu. En dépit des meil-
leures résolutions, la pauvre nature l'emporte quelquefois.

Maria, même après la retraite, n'est pas assez
pieuse, elle se livre trop à la dissipation. On engage
secrètement la mère à l'en avertir (fin janvier 1872).
« Elle est bonne enfant », mais si légère, si étourdie,
si emportée ! Comme elle aime sa mère ! « Pour peu
que tu diffères à me donner de tes nouvelles, l'inquiétude me gagne ». Sa mère lui a recommandé

Henri, son frère, exposé aux périls de la navigation : « Tu me dis de le recommander à Notre-Dame des Mers. Je n'y manquerai pas, car lui principalement a une grande part dans les prières que j'adresse au Ciel pour vous ». Emile, son second frère, est obligé de reprendre le service militaire : Elle va beaucoup prier « pour obtenir de Marie qu'elle veille sur lui du haut du Ciel. Et j'espère que mes prières seront exaucées. Pourrait-elle ne pas le protéger, lui qui est un de ses enfants ! Car tu n'as pas oublié, chère petite mère, qu'à l'Abbaye, il se fit recevoir de la Congrégation. Moi aussi je vais être bientôt du nombre de ses enfants, car je suis déjà aspirante et je fais tous mes efforts pour être bientôt reçue au nombre des congréganistes. Ainsi, tu le vois, chère petite mère, Marie continuera toujours de nous protéger. » Puis elle termine selon son habitude, par une caresse « à son petit *Phénix* » et une recommandation « pour les petits serins ».

Le 19 mars, elle envoie un billet. Les vacances de Pâques arrivent, elle est heureuse. Elle a communié le matin, elle n'a oublié personne, ni sa mère, ni ses frères, se rappelant qu'ils sont sous le patronage de ce grand saint, dont la fête au couvent « a été très-belle ». Puis elle retombe dans sa dissipation, puis elle a de bonnes quinzaines : « Ma tante est un peu plus contente de moi ; c'est elle qui m'a dit de te le dire, ne pouvant t'écrire aujourd'hui à cause du Carême : ainsi donc, ma chère mère, console-toi et espère me voir bientôt une bonne enfant ».

Malgré ce commencement de bonne volonté, combien souvent lui arrive-t-il, dans le cours de cette première année, de donner de l'exercice à sa maîtresse ! « Accoutumée, dit celle-ci, à ne mettre dans ses études d'autre méthode que celle de sa fantaisie, elle se prêtait difficilement à la forme proposée et prétendait arriver « sans tant de moyens », disait-elle avec une sorte de ténacité. Lui donnait-on une explication, de suite elle en substituait une autre qui, d'après elle, devait la mener au même but. Ceci devenait une sorte d'entêtement et de suffisance qui lui furent signalés comme défaut capital qu'il fallait détruire ou pour le moins de beaucoup atténuer avant de recevoir le titre si envié d'*Enfant de Marie*. Elle promettait de la meilleure foi du monde, quitte à se faire dire le lendemain : « Ma pauvre Maria, vous voilà encore au pied du mur ; quand mériterons-nous d'être reçue dans la Congrégation ? »

Tel était ce caractère inconstant et emporté. Ajoutons encore, pour être vrai, que le mieux qui paraissait dans sa conduite et la piété qui commençait à s'emparer de son cœur n'avaient pas encore détruit les traces de la vanité et de la fierté qu'on avait d'abord remarquées en elle. La jeune Maria était d'ailleurs persuadée qu'en fait de toilette, une religieuse, et surtout une Bénédictine, n'y peut connaître grand'chose, qu'une sorte de ridicule doit être le cachet de leur confection. La Fête-Dieu approchait. Sa bonne tante lui avait fait réparer un chapeau : celui-ci, comme tout le reste, eut le malheur de déplaire à notre petite exigeante qui lui fit endurer toutes sortes de transformations, ajoutant finalement qu'elle ne porterait point une coiffure « dont à peine, disait-elle, je me fusse servie à Grandville pour aller au bain ». Ce disant, raconte la bonne tante, ma fille attrape le bouton de rose qui se rompt dans sa main. Pourtant la coiffure était charmante : le bouton de fleur et le nœud de velours étaient de fort bon goût. » Le matin de ce dimanche, il y eut tout un conseil à propos du malheureux chapeau. La maîtresse de dortoir de vouloir le faire accepter, et l'élève de frapper du pied, accentuant qu'elle ne le prendrait point. D'autres charitables sœurs représentaient à la bonne tante que la messe allait commencer et qu'il était sage de céder. Mais ce qui était dit dut passer, malgré les emportements de Maria qui se vit enfin forcée de coiffer le chapeau, ou plutôt sa bonne tante lui en épargna le soin : « Sans lui souffler mot, je coupe le bouton qui ne tenait plus, je la coiffe et la conduis au chœur. La petite vaniteuse ne sut opposer aucune résistance, tant elle était désappointée. » Comment entendit-elle la messe ? ce que je sais, c'est qu'elle n'eut pas un instant de repos, tirant en tous sens le caoutchouc, tantôt attirant la malencontreuse coiffure en avant et tantôt la repoussant en arrière. Elle était rouge de colère. « Je la voyais, dit la tante, feuilleter son livre avec dépit et son plus grand chagrin était qu'on n'eût pas l'air de s'en apercevoir. »

Plus tard, après ce qu'elle appelait sa conversion,

il lui arriva encore une lutte du même genre, au sujet d'une *capeline* que l'on avait pourtant pris soin de faire confectionner par une personne experte : cette précaution ne servit de rien, Maria ne s'en figura pas moins qu'elle était ridicule. Elle eut toutes les peines du monde à l'accepter, à tel point que la pauvre capeline fut le sujet d'une accusation embarrassante au confessionnal, pour laquelle elle réclama les lumières de ses maîtresses : cette faute excita en elle plus tard de grands sentiments de contrition.

CHAPITRE SIXIÈME

La veille du mois de Marie, elle écrit une prière qu'elle récitera tous les jours du mois. La voici dans son intégrité :

« Voilà enfin, ô Marie, arrivé ce mois plein de charme, ce mois bien-aimé. Je veux en ce beau mois te donner mon cœur, ô ma Mère. Oui, prends-le, ô Marie, prends-le, ce cœur : il est à toi, Mère chérie, je te le donne pour toujours. Garde-le bien, ô ma Mère. Et si quelquefois Satan ose approcher de moi et que je sois prête à tomber dans le péché, renvoie-le, ô ma Mère ; puis prends-moi par la main et me dis : Enfant, souviens-toi du jour où tu m'as donné ton cœur. O ma Mère, en ce moment mon cœur se sent ému et de mes yeux les larmes sont prêtes à couler, en pensant à toutes mes ingratitudes passées et à toutes vos bontés, ô bonne Mère. Oui, je le sais, c'est vous qui m'inspirez tant de bonnes résolutions. Mais faites, Mère tendre et chérie, que ces résolutions ne soient pas vagues, gravez-les vous-même dans mon cœur, afin que je puisse toujours les avoir devant les yeux et ne jamais les oublier. Faites que je garde constamment Jésus dans mon cœur, et qu'il ne s'en aille jamais ! — Faites, ô ma Mère, que « d'à partir » de ce moment, je foule aux pieds comme vous l'avez fait, le péché et Satan. Aidez-moi, Mère bien aimée, à marcher dans le monde et parmi les dangers du siècle, sans jamais souiller mon âme, jusqu'à ce que le moment, l'heure trois fois bénie où Jésus m'appellera à Lui soit venue. Alors je vous remercierai, ma Mère, et vous dirai : Maintenant je n'ai plus rien à craindre, Jésus est l'époux de mon âme. Ainsi soit-il. »

Elle se préoccupe déjà de sa vocation. « Demain, dit-elle dans son journal, j'aurai quinze ans. Depuis que je suis au Couvent, j'ai fait de sérieuses réflexions sur la rapidité de la vie et la longueur de l'Eternité. Mon pauvre cœur veut aimer Dieu. J'ai toujours senti un désir de la vie religieuse ; surtout depuis un an ce désir augmente, et l'amour de mon Jésus vaincra toutes les difficultés qu'on me présente à cause de mon âge. »

Le 19 mai, jour de la Pentecôte, elle contracte une alliance avec Jésus, regardant comme le plus grand bonheur de sa vie d'être l'enfant de Dieu et l'enfant de la Sainte Eglise. Elle sent que le Sauveur va lui demander « que toutes ses pensées, ses paroles, ses actions, ses souffrances soient unies aux siennes. O bon Jésus, oui, je le veux bien, s'écrie-t-elle ; c'est là ce que je veux. » Il s'était passé vers ce temps-là,

entre elle et Notre Seigneur, l'une de ces communications intimes qu'une enfant pieuse n'oublie pas, et
bien qu'elle ne se dise pas encore convertie, la chère
petite montre bien que le mois de mai avait opéré
dans son cœur une transformation sérieuse. Elle se
sentit vivement attirée vers la vie religieuse : aussi
bien la laisserons-nous parler avec sa belle et aimable simplicité. La page de son journal qui raconte
cette nouvelle grâce est intitulée : « Recueil des faveurs
que le bon Dieu accorda à une âme le matin d'une
communion qu'elle fit pour honorer le mois de Marie
et pour obtenir des grâces dont elle avait besoin ».
— Le matin de cette communion (19 mai 1872, jour
de la Pentecôte) jour qui sera toujours cher à mon
cœur, je tâchai de pénétrer mon âme des sentiments
de sa bassesse et de la grandeur de Celui qu'elle
allait recevoir. Etant préparée de mon mieux, je
m'approchai avec joie et bonheur de l'autel de mon
Dieu, mon cœur battait avec violence pendant le court
instant qu'il me fallut attendre, je le sentais palpiter
d'impatience. Mon tour est enfin venu. Mon âme
possède son Bien-Aimé, elle soupire auprès de Lui,
lui confie ses secrets, ses espérances et veut s'élever
de cette terre d'exil avec Jésus dans la patrie! Alors
quelque chose de doux s'est passé en moi : je n'étais
plus sur terre. Tout près de mon bon Maître, occupée
de lui, je lui disais : Mon Dieu, mon Roi, mon Sauveur, je ne vous aime pas, mais je veux vous aimer;
attachez-moi à vous par de fortes chaînes, que je ne
puisse me séparer de vous, je veux être votre servante

fidèle. » — Elle craint aussitôt son inconstance, puis
elle se jette entre les bras de sa Mère du ciel, la sup-
pliant de la garder auprès de Jésus. « Doux entretien,
que je n'oublierai de ma vie! j'aurais voulu qu'il eût
duré toujours! — Mais mon heure n'est pas venue.
Je resterai sur cette terre d'esclavage et je voudrais
souffrir pour Jésus. Je lui ai même demandé des
croix et des souffrances, il m'en a promis avec la force
de les supporter pour gagner ma couronne. Beau ciel,
quand y serai-je pour toujours! »

Le jour même, elle demanda une grâce à M. Aubrais, l'excellent père de son âme : celle de communier
le lendemain pour remercier Jésus de ses faveurs.

« Lundi, 20 mai, lendemain de la Pentecôte.
Alliance de Jésus avec mon âme. Ce matin, Jésus
est descendu encore dans mon âme. Je lui ai de nouveau demandé ce qu'il voulait de moi. « Que demandez-
vous? que voulez-vous que je fasse? Je suis prête à
tout, même à sacrifier ma vie pour vous : que faut-il
faire pour vous plaire? — Je veux que toutes tes
pensées, tes paroles, tes actions soient pour moi; que
toutes les souffrances que je t'enverrai, tu les unisses
aux miennes. — O bon Jésus, oh! oui, je le veux
bien, c'est ce que je veux, c'est ce bonheur-là que
j'envie. Oh! oui, attachez-moi avec vous à votre
croix. Mais comme ma nature est si mauvaise et que
je puis rien, rien, de moi-même, je vous en prie,
donnez-moi votre cœur, prenez le mien à sa place,
prenez-moi ma volonté, donnez-moi la vôtre. Enfin
donnez-moi toute votre personne, prenez la mienne,

faites avec moi cet échange et alors, avec un cœur nouveau et une volonté nouvelle, je suis sûre de faire en tout votre sainte volonté. Vous parlerez en moi, vous marcherez avec moi ! ô état bienheureux ! Détachez-moi de toutes les attaches terrestres pour qu'après, sur la terre, m'être crucifiée avec vous sur la croix, je puisse toujours rester attachée à vous dans le Ciel. C'est ce que j'attends avec confiance de vous, ô mon bon Maître. — J'ai encore quelque chose à vous dire, mon Dieu. Vous voyez en moi quel désir j'ai d'être religieuse, vous savez aussi qu'avec mon caractère, dans le monde, je vous serais infidèle. Oh ! je vous en prie, aplanissez toutes les difficultés pour que j'entre à la vacance au noviciat. Quand serai-je crucifiée avec vous ? Vous m'exaucerez, j'en ai la douce confiance. »

Une parole du Saint Évangile nous expliquera comment, avec un naturel dissipé et en dépit de ses inconstances, la chère enfant pouvait atteindre une telle hauteur de pensées : « Heureux les cœurs purs, car il verront Dieu ». Il y a donc pour l'âme innocente une vue de Dieu et une communication intime. Notre chère enfant en est une preuve frappante. Car, malgré l'impétuosité de son caractère qui lui permettait rarement de rester en place et d'être entièrement à ce qu'on lui disait, il y avait en elle une vertu que chacun se plaisait à reconnaître : c'était la pureté. Jamais elle ne se trouva mêlée à ces conversations où la curiosité de la jeune fille ne se satisfait qu'au détriment de la vertu et au péril de l'âme ; elle n'en-

tendait absolument rien à ces tristes finesses. Elle
était vraie, sincère et d'une naïveté qui faisait sourire.
C'était une vraie pensionnaire, s'accommodant au
caractère de chacune de ses compagnes et ne faisant
jamais de plaintes sur elles : aussi toutes l'aimaient
et la soutenaient au besoin. Voilà pourquoi le 23 mai,
jour même où elle prenait ses quinze ans, Maria
recevait le titre d'Enfant de Marie, la plus grande
ambition de son innocente vie, après toutefois ses
désirs de vie religieuse. Le 26, elle faisait sa consécration avec une ferveur que ses compagnes n'ont pas
oubliée.

Quand elle apprit qu'elle était reçue congréganiste,
et reçue à l'unanimité, ce qui est assez rare, elle eut
un véritable transport de bonheur : « Que je suis
heureuse, ô mon Dieu, que je suis heureuse! Aujourd'hui j'ai quinze ans, aujourd'hui je suis reçue
Enfant de Marie : je ne puis croire à mon bonheur!
Merci, mon Dieu, merci. Si une reine de la terre
adoptait pour sa fille la plus pauvre mendiante à la
seule condition que cette enfant imitât sa conduite,
avec quel soin et quelle prévoyance le ferait-elle ? Et
moi, que ne dois-je pas faire pour la Reine du Ciel,
ma souveraine et ma mère! Je le veux : et il me
semble que vous me bénissez, ô Marie, pour que je
sois bientôt religieuse. Je veux être à vous, ô Jésus,
tout à vous et pour toujours. » Le jour de la Pen-
côte devint pour la chère enfant un anniversaire
qu'elle célébrait avec toute la ferveur dont elle était
capable.

Chaque année, dans ses notes, elle en tient compte et reçoit de nouvelles grâces. « Dimanche 1ᵉʳ Juin 1873, jour de la Pentecôte. Quelle paix, quelle joie j'éprouve en ce beau jour ! J'ai fait la sainte Communion ce matin et ma conscience ne me reproche pas de fautes. Merci, mon Dieu ; faites-moi la grâce de passer toute ma vie comme ce jour. Je vais avec courage me mettre à l'œuvre et j'espère avec la grâce de Dieu devenir une bonne enfant. »

Et toute la semaine on voit en elle des efforts pour se vaincre. Commet-elle une faute, le soir elle s'en humilie et reprend le lendemain la lutte avec courage : « Mon Dieu qu'il en coûte donc pour arriver à tout faire pour votre amour ! Voici une nouvelle quinzaine, donnez-moi vous-même, quand je l'aurai bien passée, un témoignage de satisfaction. Je vous l'offre pour vous plaire et vous aimer toujours. »

CHAPITRE SEPTIÈME

——

COMMENT LA CHÈRE ENFANT RACONTE ELLE-MÊME SA CONVERSION

Cependant on touchait à la fin de l'année scolaire et la première communion des enfants n'était pas encore faite. Notre bon et saint aumônier, M. l'abbé Aubrais, souffrant depuis longtemps, ne pouvait plus remplir ses fonctions qu'à de rares intervalles ; il avait fallu recourir à la charité des RR. PP. Eudistes qui poussèrent bientôt l'obligeance jusqu'à venir de l'autre extrémité de la ville, deux fois chaque jour, pour desservir la communauté et confesser les élèves du pensionnat. Pour la retraite de première communion, l'on pria l'un des vicaires de Valognes de s'en charger. Il le fit d'autant plus volontiers qu'il estimait singulièrement notre digne aumônier et portait à la Maison un intérêt qui entrait dans les desseins de la Providence.

Les exercices commencèrent sous les plus heureux auspices. Les enfants, sevrées depuis longtemps d'instructions régulières, les saluèrent comme l'occasion d'un renouvellement dans la ferveur. Tout le pensionnat voulut y prendre part. Le zèle et le pieux dévouement du prédicateur trouvèrent un écho fidèle dans cette jeunesse si désireuse du bien, et la moisson fut des plus abondantes. Notre chère Maria, si emportée par nature, ne devait pas être la dernière à en cueillir les fruits. L'instruction, qui avait eu pour but de montrer la sainteté consistant dans la pratique fidèle du devoir, par conséquent, pour une pensionnaire, dans l'observation de son règlement, avait produit une impression profonde : elle fut pour la chère enfant une sorte de révélation qui lui fit prendre la ferme résolution de ne transgresser la règle en aucun point.

Elle avait apprécié, dès l'ouverture, la grâce d'une féconde retraite. Et parce qu'elle s'était placée entre les mains de Dieu, elle reçut alors de vives lumières sur ce qui lui était demandé par Notre Seigneur, l'ami des cœurs innocents. On lira avec étonnement les lignes suivantes, tracées de sa main pendant ces jours de bénédiction :

« Mon défaut dominant, quel est-il ? L'orgueil. Comme un aiguillon qui me poursuit, il ravit à Dieu la meilleure part de ce que je lui destine ; il se glisse partout : c'est lui qui est cause que je commets tant de péchés. » Elle passe à l'analyse de ses actions avec une étonnante sûreté de vue : « Dans quelles fautes l'orgueil me fait-il tomber ? Dans la désobéissance, parce que l'obéissance, qui est l'humilité en action, ne peut aller avec l'orgueil. Ce serait donc folie à moi de me croire obéissante, me connaissant orgueilleuse. Car, quand j'obéis, il faut bien que j'en sois convaincue, j'obéis, pourquoi ? Pour que l'on dise :

4

C'est une enfant qui est obéissante. C'est donc l'orgueil que je montre là encore. — Si je désobéis, c'est encore de l'orgueil, parce que je ne veux pas plier sous le joug pourtant si doux de mes maîtresses.

» Si je récite bien ma leçon, l'orgueil ne manque pas de venir me dire : Tu as de l'intelligence. Mais est-il venu quelquefois me dire : Tu sais bien ta leçon? remercie le bon Dieu qui a bien voulu que cela fût ainsi; car tu sais bien que, de toi-même, tu ne peux rien, pas même prononcer avec foi le saint nom de Jésus? Non, jamais il ne me l'a dit, et la raison en est que l'orgueil ne rapporte rien à Dieu, mais tout à la créature.

» Je vois bien que, voulant aimer Dieu, il faut ne laisser jamais passer un jour sans combattre ce défaut; pour faire des progrès dans l'humilité, il faut que je me demande chaque jour, avant mon sommeil : « Voyons, ai-je fait quelques efforts, ou bien n'en ai-je pas fait? » Si j'en ai fait, il faut remercier le bon Dieu. Probablement que souvent je tomberai : quand j'aurai ce malheur, je me dirai : « Il faut y veiller demain, parce que, on me l'a dit bien des fois, « qui n'avance point, recule ». Je ferai donc tous les soirs, dans mon lit, le résumé de toutes les victoires, comme aussi je marquerai *les fois* où j'y aurai manqué.

» Si je laisse passer un jour ou deux sans en faire, il ne faudra point pour cela me décourager, mais me réveiller si le démon m'avait endormie; car il n'y a pas pire que ce sommeil quand il est causé par le diable. Il me faudra avoir recours à la prière, ne m'endormir jamais sans demander à Jésus sa protection et à Marie sa bénédiction, ne serait-ce que par cette prière : « Mon Jésus, protégez-moi ; bonne Mère, bénissez-moi ». Puis elle ajoute, avec la candeur qu'on a toujours admirée en elle : « C'est au pied de l'image de Marie, devant l'autel où réside mon Jésus, qu'il m'est venu à la pensée d'écrire ceci ; je crois que c'est Dieu lui-même qui me l'a inspiré. Mon Jésus, rendez mon cœur doux, humble et contrit de mes fautes. »

Le petit cahier de cette excellente retraite contient une page plus touchante, dans laquelle la fervente pensionnaire raconte simplement, et avec une naïve ouverture de cœur, tous les défauts qu'elle remarque dans sa conduite : « Je suis *vive*, pourquoi ? parce que je suis orgueilleuse. Pourquoi répondrais-je mal aux observations de mes maîtresses, si je n'étais orgueilleuse ? — Quelle est la raison qui me faisait fermer mon cahier avec colère ? C'est parce que je trouvais qu'on ne s'occupait pas assez de moi ; si j'avais été humble, l'aurais-je fait ? non. Il me faut donc être humble, si je veux être douce. — Pourquoi ai-je de ces frémissements de colère quand je suis au piano ? parce que je ne sais pas ce que je joue : j'aime mieux que ma maîtresse croie que c'est l'impatience qui me fait agir, plutôt qu'elle ne me dise : « Vous ne savez pas ». C'est encore l'orgueil qui me fait agir. Donc, si je veux acquérir la douceur, il

me faut abattre l'orgueil. — Quelle est la raison qui
me fait faire la grimace quand on m'interroge ? c'est
que je crains de ne pas bien répondre ; j'aime mieux
que mes maîtresses croient que c'est la *timidité* qui
m'empêche de répondre, que de croire que je ne sais
pas. Oh ! détestable orgueil ! Combien tu es mépri-
sable et combien je te hais ! Donc, si je ne veux pas
avoir de ces mouvements nerveux, il me faut être
humble. — Qu'est-ce qui me fait m'appliquer à mes
leçons ? c'est pour être récompensée : si je veux
avoir quelque mérite dans le ciel, il me faut acquérir
l'humilité et travailler, non pas pour des récompenses, mais pour faire la volonté du bon Dieu. —
Pour quel motif que je tâche de me bien tenir à
l'église ? parce que je ne veux pas qu'on me · dise :
Vous vous tenez mal. Il faut donc être humble, si
je veux que mes prières soient agréables à Dieu.
Oh ! je veux à tout prix détruire mon orgueil. Quand
j'aurai acquis la vertu d'humilité, je serai vraiment
sérieuse. — Divin Jésus, vous voyez mes désirs :
oh ! je ne vous laisserai pas tranquille que vous ne
m'ayez accordé la grâce que je vous demande avec
larmes et prières : vous me l'accorderez avec toutes
celles dont j'ai besoin et qu'il me faut pour vous bien
servir. »

Ainsi parlait la chère enfant. Une confession générale, qu'elle fit en même temps, acheva le triomphe
de la grâce. Laissons-la raconter elle-même ingé-
nuement ses impressions intimes : aussi bien, cette
retraite fait-elle époque dans sa belle vie. « Le

diable, qui redoutait l'aveu auquel je me préparais de mon mieux, me mit hier soir dans la tête de ne pas aller à confesse, ne pouvant y aller au moment où je l'aurais voulu. Quand je fus dans mon lit, il me semblait voir Jésus s'éloigner de moi. En pleurant, je lui disais : « Oh! ne vous en allez pas! » Je me mis à dire un chapelet, pour obtenir la contrition. Je m'endormis.

» Quelques minutes après, je me réveillai, en entendant une personne qui semblait venir du côté de notre dortoir. J'entendis dire : « Madame Saint-B*** ! Madame Saint-B*** ! » Ce nom-là me fit ouvrir les yeux, et je me dis : « Oh! tant mieux! peut-être va-t-elle venir me bénir ». J'attendis. Elle entra dans une cellule voisine de la mienne. Voyant qu'elle avait passé la mienne, je me mis à tousser : « Peut-être, me disais-je, va-t-elle m'entendre ». — Je l'entendis repasser devant mon lit. Je fus pour l'appeler, et quelque chose que je ne saurais exprimer me retint! J'étais désolée, quand je la vis, cette bonne Mère, lever mon rideau et puis me bénir, me croyant endormie. Une élève, qui était là, dit : Elle dort. Cela me brisa le cœur, et j'aurais bien pleuré. Mais je me dis : Je la reverrai demain.

» Le lendemain matin, ma première pensée fut : Je n'irai pas à confesse. En arrivant à l'église, où l'on nous dit que, le soir, nous serions heureuses, moi, je me disais : Moi seule je n'y serai pas, et je me voyais seule, au moment de la sainte communion, restée sur mon banc. » — Sa contrariéte

venait de la grande envie qu'elle avait de faire une
excellente retraite. N'ayant pu, les deux premiers
jours, commencer sa confession, il lui semblait que
tout était perdu le matin de l'absolution.

« Dans la matinée de ce jour, lorsqu'on vint me
chercher pour aller à confesse, je fus sur le point de
refuser, et puis je me dis : Peut-être vais-je retrouver
le calme. Arrivée au confessionnal, je lus mes péchés. Quand j'eus fini, je dis que je ne voulais pas
communier. » — Cette résistance provenait du grand
respect qu'elle avait toujours eu pour l'absolution,
ne l'ayant jamais reçue sans plusieurs jours de préparation. « Le confesseur me répondit qu'il le voulait et qu'il me l'ordonnait au nom de Dieu. Il me
dit cela avec un peu de sévérité. « Comment, ajouta-
t-il, Dieu agit en bon père avec vous, et non pas en
juge. Je vous l'ordonne, et vous verrez que votre
communion, demain, sera fervente. Est-ce qu'il ne
peut point changer votre âme en un instant? » Le
calme revint un peu dans mon cœur, mais je craignais toujours. Enfin, je me dis : Je ferai ce que
M. l'abbé me dira, et je suivis son conseil. »

Cette première confession, faite avec la plus entière ouverture de cœur, avait déjà changé son âme :
« Je suis, écrivait-elle, d'après ce que mon confesseur m'a dit, d'une nature difficile à dompter, d'un
caractère fougueux. S'il s'adonne au bien, je puis
devenir une sainte ; dans le monde, je pourrais aller
aussi loin dans le mal. Mon Dieu ! ne permettez pas
que cela arrive jamais ! Mais, que je continue (on

voit qu'elle tenait à fixer ses souvenirs) : Mon confesseur m'a dit qu'il me fallait une règle et qu'on
mette un frein à mon orgueil. Ces paroles, qu'ani-
maient l'Esprit de Dieu et le désir de faire du bien à
mon âme, m'ont donné beaucoup de courage. — Ce
qui diminue la joie que je ressens d'avoir fait une
confession générale, c'est que je trouve qu'après avoir
vu tous les péchés que j'ai commis, je devrais avoir
une contrition! mais une contrition qui me ferait
mourir de douleur. Mon bon Jésus, je vous la
demande avec instance. Plus je vais, plus je suis
tranquille; le calme revient. Car maintenant j'ai tout
dit, je n'ai plus rien du tout qui me gêne. O mon
Dieu, quel bonheur! »

Le combat n'était pourtant pas terminé. « Je
passai, continue-t-elle d'écrire, toute l'après-midi en
prière; je me préparais de mon mieux : cependant,
je ne sais pas, mais j'avais toujours l'intention de ne
pas communier. Enfin vint le moment où je dus aller
à confesse. Etant arrivée, je dis à M. l'abbé que
j'étais venue pour lui obéir, mais non pour recevoir
l'absolution. Il me demanda pourquoi. Je lui dis que
j'avais toujours peur de ne pas être bien préparée :
« Vous m'avez, répond-il, ouvert votre cœur comme
un livre; vous avez mis de la bonne volonté; vous
vous repentez : je vous ordonne de communier. » —
Je lui dis que je craignais d'être un Judas. — « Vous
communierez, et soyez sûre que votre communion
sera fervente : je le veux. »

» Je lui lus ensuite mes résolutions : « C'est bien,

me dit-il. Parmi ces résolutions, il y en a deux que j'aime à vous voir prendre : 1° d'aimer Dieu par-dessus toute chose; 2° d'être un modèle par votre conduite. Exécutez-les avec le plus de fidélité possible. Vous retomberez encore souvent dans vos fautes ordinaires; il ne faut point vous décourager, mais reprendre une nouvelle ardeur. Souvenez-vous de mes conseils et mettez-les en pratique. En reconnaissance du bien que je vous ai fait, vous prierez pour que je sois un bon prêtre, et moi, soyez-en sûre, je ne vous oublierai pas. C'est peut-être la dernière fois que je m'occupe des intérêts de votre âme : me promettez-vous d'être fervente ? » Je le lui promis. Et ainsi finit la retraite, que j'aurais voulu ne voir finir jamais. Je me retirai en remerciant Dieu du fond du cœur. Car je ne voulais pas : et pourtant, s'il avait accédé à mes désirs, j'aurais été bien malheureuse. »

Rien de plus édifiant que l'explosion de joie qu'elle confie à son journal intime au retour de l'absolution : « J'ai l'absolution, s'écrie-t-elle ! Que vous rendrai-je, Seigneur, pour tous les biens que j'ai reçus de vous ?... Mon Dieu que vous êtes bon ! que vous êtes indulgent ! Plus de crainte, plus de trouble ! Demain je posséderai mon Jésus : que je suis indigne de cette faveur ! Seigneur Jésus, créature idolâtre de moi-même, je ne méritais que des châtiments et vous me comblez de récompenses ! Mon Dieu, c'est trop de bonheur ! Vous m'avez accordé des faveurs insignes : je vous en demande encore une — celle de ne jamais vous offenser. Je viens d'être baignée dans le sang d'un Dieu : ma robe du baptême que j'avais souillée est redevenue sans tache. Mon bon Jésus, préservez-moi, je vous en conjure, de tout péché, pour qu'au jour de ma mort je puisse vous la redonner aussi blanche. Ainsi soit-il. C'est là mon seul et unique désir. »

Recueillons enfin ses résolutions :

1° Combattre l'orgueil jusqu'à ce qu'il soit tué.

2° Aimer également toutes mes maîtresses : n'avoir pour elles ni une amitié trop ardente, ni une inclination trop naturelle.

3° Ne pas avoir d'amitiés particulières parmi mes compagnes.

4° Etre parfaitement exacte au règlement.

5° Obéir en toutes choses.

6° Accepter les reproches ou réprimandes que l'on me ferait injustement : les recevoir avec humilité ; ou bien, 'il le fallait, m'excuser avec douceur.

7° Etre par ma régularité un exemple pour mes compagnes.

8° Parler toujours avec douceur et ne jamais rien dire qui pourrait blesser ou affliger le prochain.

9° Enfin la résolution qui renferme toutes celles que je viens de prendre est d'aimer Dieu par dessus toutes choses et, pour lui plaire, toutes ses créatures. Et pour arriver à l'aimer parfaitement, corriger en moi l'orgueil.

Demander à Dieu chaque jour ce qu'il veut de moi et suivre parfaitement ses inspirations ! »

En constatant que l'orgueil lui faisait perdre le mérite de ses bonnes œuvres, la chère enfant avait voulu s'exercer tout spécialement à la vertu contraire : « Je veux tous les soirs, marque-t-elle plus loin, me rendre compte à moi-même de toutes les victoires que j'aurai remportées et marquer toutes les occasions où j'aurai été vaincue ». Aussi jusqu'à son départ de fin d'année, mettant courageusement la main à l'œuvre, se plaît-elle à écrire ses petits triomphes, comme elle avoue humblement ses moindres fautes. — « L'orgueil m'a fait agir une fois. — J'ai répondu avec vivacité à une compagne. — Je me suis dissipée un peu étant en retard à mon lever. — Un autre jour, elle s'écrie : « O mon Dieu, quelle défaite, j'ai à marquer ce soir ! J'ai obéi au démon : il m'a empêchée de chanter, malgré toute la patience et la bonté avec laquelle ma maîtresse a agi pour ne pas qu'il triomphe ».

Mais, en revanche, elle met un ruban défraîchi, laisse fermé le rideau de sa cellule, ne s'accoude point pendant la messe malgré sa fatigue, garde le *silence complet* toute une journée, ne lève point les yeux pendant la prière et le chapelet, obéit à son réveil au premier son de la cloche, reste bien modeste pendant la Sainte Messe. « Et je me suis dit après avec bonheur : j'ai mieux prié qu'à l'habitude. » — « Ayant répondu avec un peu de vivacité à l'une de ces demoiselles, je lui ai demandé pardon (ce qui devait coûter singulièrement à cette fière nature, ainsi qu'un aveu qu'elle consent une autre fois à faire à l'une de ses maîtresses). Elle s'imposait dès lors régulièrement la pénitence de ces aveux, toutes les fois qu'elle remarquait une légèreté dans sa conduite : ce qui lui servit beaucoup pour avancer dans la pratique du recueillement et du silence.

Tous ces détails et autres qui vont suivre seraient à jamais tombés dans l'oubli si, en quittant la communauté pour se rendre au monastère de Laval, notre pieuse pensionnaire n'avait cru plus parfait de se dépouiller entièrement de ses papiers les plus intimes qu'elle déposa en lieu sûr sans prévoir le parti qu'on en pourrait tirer deux ans après pour l'édification de ses compagnes. Maintenant qu'elle a quitté ce monde, la lecture de ses notes éclaire admirablement sa vie intime; on y voit comme en transparence les luttes, les victoires, les épreuves de sa vertu, qu'il n'est plus indiscret de proposer comme modèle à celles qui l'ont connue et aimée au pensionnat ou dans sa famille. On assiste, en la lisant, au travail de la grâce. Notre chère enfant n'avait pourtant que quinze ans, quand elle attaquait si sûrement ses défauts, ne se décourageait point de ses chutes, et trouvait, en communiant avec foi et respect, lumière et force pour avancer dans la perfection de son état.

Une de ses habitudes de foi, qu'on aime à constater, consistait à résumer toutes les instructions de piété auxquelles il lui était donné de prendre part. Ce qu'elle a analysé de sermons, de conférences, avec une sûreté de mémoire et une facilité remarquables,

l'espace de quelques années, fait autant d'honneur à
sa piété qu'à son talent. Elle avait une ouverture
d'intelligence et une aptitude pour la doctrine religieuse qui se remarque chez certaines âmes d'élite et
fait penser, nous l'avons dit, à la béatitude évangé-
lique *des cœurs purs qui verront Dieu*. Elle y portait un intérêt tout particulier dès sa première année
de pension. Et même, écrivant à Granville, il lui faut
des nouvelles religieuses. « Tu me diras, petite
mère, qui fait le catéchisme de première Communion
cette année. Car malgré que je ne sois plus à Granville, j'aime à savoir ces choses. » Elle s'informe du
clergé comme des membres de sa propre famille :
l'esprit chrétien l'ayant saisie dès sa première enfance,
elle n'avait plus qu'à le développer à la pension.

Pour elle, se convertir ne fut pas une de ces
velléités plus propres à satisfaire l'exaltation de
l'esprit ou les excès de l'amour-propre, qu'à faire
pratiquer la vertu solide. « Coûte que coûte, avait-
elle dit pendant la retraite, je serai une sainte et tout
d'abord voici ma règle. » En disant ces mots, elle
baisait le petit cahier qui contenait ses résolutions.
Elle ne mit aucun délai à sa conversion et ne fit point
comme ces jeunes filles qui renvoient toujours à plus
tard et à des circonstances plus favorables cette
réforme de l'intérieur si importante à l'époque de la
jeunesse. Dès le jour même de la clôture, elle se mit
à l'œuvre et fit du silence sa principale préoccupation.
On put voir alors celle qui, peu de jours auparavant,

ne se faisait pas scrupule de rire et de s'amuser durant les classes au grand risque de ne profiter de rien « se cacheter la bouche au point de ne proférer aucune parole ».

CHAPITRE HUITIÈME

On pensa que cette ferveur n'était que passagère ;
quelques-unes de ses compagnes en firent le sujet
de leurs malignes critiques, d'autres même s'effor-
cèrent de la faire manquer à sa résolution : tout
cela n'aboutit qu'à la fortifier davantage. Aussi fut-
elle bientôt un sujet d'étonnement pour ses compagnes
et d'édification pour ses maîtresses elles-mêmes, qui
la proposaient comme un exemple de ce que peut
une volonté déterminée pour le bien. L'excellent
prêtre qui dirigeait alors la communauté l'encouragea
dans ses bonnes résolutions : « Je vous retourne,
mon enfant, lui écrit-il, les notes confidentielles que
vous m'avez communiquées. — Conservez-les pré-
cieusement : ce sont de ces petits trésors auxquels on
peut de temps en temps puiser très-utilement. Je vous
renvoie pareillement vos bonnes résolutions de la
dernière retraite. Rappelez-vous que les plus excellentes dispositions ne rendent cependant pas impec-
cable ; qu'il faut donc être « bien humble, bien
défiante de vous-même et par suite tout pour vous

faire tenir le plus près possible de Jésus et Marie. Je vous bénis. AUBRAIS. »

Agée de quinze ans seulement, la *nouvelle convertie* se prononçait hautement pour la vie religieuse et portait haut ses vues : la vie de la Trappe ne l'effrayait même pas, tant son âme généreuse était avide de mortification et de sacrifice. Ce fut alors qu'elle écrivit et adressa ses premières demandes à Laval. Toutefois, la démarche qu'elle avait faite, sans en parler, étant venue à la connaissance de son excellente tante, celle-ci crut prudent et même nécessaire d'arrêter ces élans d'une ferveur qui eût pu devenir indiscrète. « J'ai écrit lundi à la Trappe, vous le savez, mon Père, écrit-elle toute confuse au confident de son âme, pour y demander entrée en qualité de sœur converse. Toute correspondance de ce genre vient de m'être interdite ; il paraît que tout le monde se moque de moi. Peu m'importe, je ne regrette pas de l'avoir fait. Tout ce que je regrette, c'est de l'avoir fait, mon Père, sans vous en donner connaissance : je compte sur votre indulgence pour me pardonner. » On lui pardonna, mais elle avait reçu une verte réprimande dont elle se souvint longtemps.

Vers la fin de cette première année de pension, la communauté ayant appris que Madame Le Chaplain était malade et privée de ses enfants, jugea qu'il était bon d'envoyer la chère petite pour lui porter secours. « Je ne la demandais pas, dit Madame Le Chaplain dans son récit, mais la communauté avait appris indirectement ma maladie. » L'inquiétude, jointe à la fatigue des voitures, rendit Maria aussi malade que sa mère qu'elle venait soigner. « Elle m'arriva un dimanche matin, dit la mère, sur les quatre heures, toute défaite et brisée de fatigue. Au lieu de se reposer, elle attendit l'heure de la première messe, au retour de laquelle elle tomba en faiblesse. J'étais seule et sans force. La faiblesse m'emporte à mon tour et je tombe sans connaissance : Maria n'avait pu arriver jusqu'au bord de mon lit. Dans cette situation cruelle, Dieu vint à notre secours. La garde malade étant survenue, nous donna à chacune les secours dont nous avions besoin ».

« Dès la vacance de cette première année, dit la mère de Maria, elle me parla franchement de vocation religieuse : « Serais-tu contente, si le bon Dieu me faisait un jour la grâce de me donner totalement à Lui ? » dit-elle avec ce ton décidé qu'elle savait prendre dans les situations embarrassantes. — Oh ! je n'y mettais pas d'obstacle, moi qui l'avais vouée à la sainte Vierge, même avant sa naissance. » — « Deux ans après, son désir était plus impétueux. Je m'aperçus parfaitement pendant les vacances qu'elle souffrait de vivre dans le monde : à peine venue, elle aspirait après son retour. » — Au reste, dès la première fois qu'elle retourna chez sa mère « les personnes qui l'avaient connue remarquèrent déjà en elle un bien favorable changement ».

Avant de partir pour Granville, le 5 août 1872, elle écrit son adieu au monde : « Adieu, dit-elle,

monde parmi lequel se sont écoulées les quinze premières années de mon enfance : Adieu, je te hais et
ne te connais plus. Adieu, vanités qui possédiez
autrefois mon cœur, dont j'aimais à me couvrir pour
flatter mon orgueil. Adieu, plaisirs, qui autrefois
faisiez toute ma joie, après lesquels je courais tant.
Adieu monde, tu m'as trompée, tes promesses sont
vaines ; tu me promettais de la joie et tu ne m'as
donné que des angoisses. Je te quitte, car je veux me
donner à Dieu pour toujours. Mon seul but est maintenant d'aimer Dieu, de le servir : là je trouverai le
vrai bonheur. » La bonne Maria présumait trop de
ses forces, au moment où elle retournait pour
deux mois dans ce monde qu'elle déclarait haïr.
Elle allait y faire de nouveau l'expérience de sa faiblesse, en se livrant à la dissipation.

L'élan impétueux qu'elle avait eu vers la ferveur
se ralentit en effet pendant les vacances. De retour à
Granville, notre Maria faillit y ensevelir les heureux
germes de la grâce qui promettaient de si beaux
fruits. D'un excellent caractère, naturellement enjouée,
d'une simplicité, d'une naïveté charmantes, elle
n'était pas armée pour le combat et le monde
n'eût guère tardé à exploiter pour son profit les qualités d'une âme aussi pure et aussi candide. Quelques-
unes de ses petites amies qui, comme elle, avaient
grandi, mais avec des goûts bien différents, s'empres-
sèrent de la venir voir et de lui proposer des distrac-
tions que sa bonne mère, souffrante alors, ne pouvait
lui procurer. Il était urgent, semblait-il, de ne point

5

perdre ce qu'elle savait de piano, de chant, etc. On ajoutait qu'elle devenait ridicule, que ce genre-là n'était bon qu'à Valognes, avec des religieuses, mais qu'à Granville on avait plus de liberté, de sans façon que derrière les grilles de son couvent. Maria se laissa prendre à ces raisons spécieuses dont son bon cœur était complice. Elle sortait donc et passait la plus grande partie de l'après-dîner en récréations et en fêtes : on lut, on causa, on se dissipa. Insensiblement le goût de la piété disparaissait ; l'attrait du bien allait s'affaiblissant ; elle commençait à partager les idées de ses compagnes ; la vanité, l'amour du plaisir reprenaient le dessus et volontiers, à la fin de septembre, elle eût retardé son retour à l'ennuyeux et insipide monastère. Mais malheureusement pour elle, son instruction n'était pas terminée, et la bonne tante religieuse, qui tenait à pousser son œuvre à bout, avait déclaré que sa nièce recevrait son brevet, puis serait libre ensuite d'en faire tel usage qu'elle voudrait. Madame Le Chaplain était bien aussi de cet avis. Notre Maria dut donc, à son grand déplaisir, reprendre le chemin de Valognes.

L'amour candide qu'elle avait pour sa bonne tante n'arrêta pas à la rentrée « quelques petites maussaderies » qui nous rejetaient d'un an en arrière dans nos souvenirs ; mais le maternel intérêt de la tante qui fermait exprès les yeux pour ne rien voir, le bon accueil qu'elle reçut de ses maîtresses et de ses compagnes en eut bientôt triomphé. Au bout de quelques jours, après une confession sérieuse comme elle avait accoutumé de le faire, la voilà redevenue l'élève aimante et aimée de toute la maison. La réflexion lui montra aussi à quel abîme elle venait d'échapper ; elle s'effraya de tant de faiblesse et se promit bien une autre fois de ne pas jouer ainsi son avenir. Sa piété redevint ce qu'elle était précédemment ; aussi exerçait-elle un véritable empire sur ses compagnes qui l'aimaient et la craignaient à l'égal d'une maîtresse.

Ce changement lui attira un mot piquant d'une compagne spirituelle : « Quand Mademoiselle Le Chaplain part pour les vacances, disait la langue médisante, c'est un ange qui s'envole ; quand elle revient, c'est un petit démon qui se fait ermite ». En tenant compte de l'exagération de cette boutade, il faut convenir qu'elle peint au vif ce que nous venons de signaler. A quinze ans, on ne se retrouve pas impunément dans une grande ville, entouré, fêté et livré à la dissipation d'une longue vacance. Le fond de sa piété restait le même, surtout l'inébranlable et invariable résolution d'appartenir à Dieu ; mais il n'eût pas fallu que cette épreuve se prolongeât : le monde l'eût emporté peut-être, tant l'enfant se livrait par bonté de cœur au milieu qui l'entourait. Elle avait donc, au retour, repris son train de vie avec une parfaite aisance. « Il m'en a coûté un peu, écrit-elle à Granville, pour me r'habituer à la vie du couvent ; maintenant j'y suis refaite sans trop de peine. » Une des raisons qu'elle en donne, c'est que sa tante « plus elle va, plus elle est bonne ». Quant à ses maîtresses de pension, elle apprécie déjà leurs soins et leur sollicitude : « Je t'assure, chère petite mère, qu'il me faudrait être bien ingrate et avoir le cœur bien endurci pour méconnaître les bons soins dont ces dames ne cessent de m'entourer tous les jours ; aussi j'espère qu'après la retraite qui commencera mercredi prochain, j'espère, dis-je, être si bien, qu'elles n'auront plus qu'à remercier Dieu et à m'encourager. Prie aussi de ton côté, bonne petite maman, pour que ta fille aime et serve bien le bon Dieu ».

Le 18 du mois suivant ramenait l'anniversaire de son cher Urbain. « Je n'oublie pas, sois bien sûre, chère maman, et je n'oublierai jamais celui dont nous avons à pleurer la mort, le 18 du mois prochain. Non ; et sois bien sûre que ce jour si douloureux pour nous ne se passera pas sans que j'offre une communion et beaucoup de prières pour notre cher Urbain ».

CHAPITRE NEUVIÈME

Cette même année 1872, la retraite de l'Immaculée Conception fut prêchée par le R. P. Gillouard,
professeur de rhétorique au Petit-Séminaire. Le
savant religieux sut mettre à la portée de son jeune
auditoire les vérités qui assurent les pratiques
pieuses et font naître de généreuses résolutions. Notre
excellente enfant, n'ayant plus à s'occuper d'une
confession générale qu'elle avait faite, six mois plus
tôt, dans d'excellentes conditions, s'imposa la tâche
de résumer les conférences de l'éloquent prédicateur.
L'importance du salut, la nécessité de fuir le péché,
source unique des maux qui désolent le monde, la
sagesse de la vertu qui prévoit l'avenir et le prépare ;
toutes ces vérités ne faisaient qu'affermir, dans l'âme
de la vertueuse pensionnaire, l'intention de vivre et
de mourir dans l'état religieux. Son âme hésitait
encore entre tel ou tel mode, tel ou tel attrait ; mais
la résolution générale de se sauver, en prenant contre
elle-même toutes les précautions et les garanties des
vœux de religion, dominait déjà ses pensées les plus
intimes.

« Faites, ô mon Dieu, écrit-elle à l'époque de sa retraite, que je méprise le monde et toutes ses vanités, que je le haïsse afin de n'aimer que vous seul. Que voulez-vous de moi ? — Que tu te sauves pour venir dans mon beau Ciel. — Mais, Seigneur, comment me sauver et quelle route me faut-il prendre pour arriver à cette félicité ? — Et le Seigneur m'a dit au fond du cœur : Je veux que tu te donnes à moi pour toujours et sans aucune réserve : je veux ton cœur et je ne consens pas que tu le donnes à d'autres. — Ah ! Seigneur, vous ai-je répondu, le voici, ce cœur que vous me demandez ; voyez comme il est faible et mauvais, comme il est gonflé par l'orgueil, comme il est couvert de défauts !

« Et le Seigneur me disait: Travaille, mon enfant, à te corriger : car je te veux pour être ma servante. — Et moi, misérable que je suis, je disais autrefois : Oui, Seigneur, *je voudrais bien, mais je ne puis.* Et je vivais ainsi, sans trop m'inquiéter si je suivais la voie de mon Dieu. Combien je regrette les premières années de ma vie passées hors de votre service ! mais maintenant, Seigneur, *je suis à vous pour toujours.* Oh ! que le jour qui doit me consacrer à vous et me donner le nom de votre servante est long à venir ! Seigneur, je ne m'appartiens plus, je vous appartiens pour toujours. Faites de moi tout ce que vous voudrez ; arrachez tout ce qui peut vous déplaire, frappez-moi de n'importe quelle manière, j'espère accepter tout avec amour comme venant de votre main. Je sens ma pauvre âme s'agiter sous son enveloppe ; elle voudrait pouvoir s'élever jusqu'à vous. Je vous aime, ô Jésus ; que je vous aime davantage ! quand on vous aime, le cœur devient pur et content : votre amour seul m'est précieux. »

Cette prière pressante revient à chaque page du cahier. L'amour de Dieu par-dessus tout, la fuite du monde, un coin inconnu où elle puisse trouver son trésor : voilà ce qu'elle demande à la fin de chaque résumé. Puis elle s'abandonne à la conduite de Jésus, ne voulant plus s'occuper de son avenir, se remettant entièrement à la bonne Providence qui conduit ses élus par des sentiers choisis, mais à la condition unique qu'elle pourra aimer et se dévouer tout à son aise dans la solitude que son Dieu lui aura préparée.

« Mon Dieu, suis-je en retraite, me suis-je demandé bien des fois, suis-je en retraite ? Je n'en sais rien. Malgré mon extérieur que je tiens recueilli le plus possible, malgré le calme qui existe par moments dans mon âme, je tremble de ne pas faire ma retraite. » — Elle la fit aussi sérieusement que les premières, sans éprouver toutefois les luttes violentes auxquelles elle était accoutumée : « Je ne sais d'où me vient ce calme qui s'est emparé de moi presqu'au sortir de l'absolution. Il me semblait être devenue cent fois plus raisonnable. La dissipation ne s'est pas fait *du tout* sentir à mon esprit. Je suis dans une espèce d'attente ; il me semble attendre avec anxiété une chose qui doit me combler de bonheur. Je n'ai pourtant pas une contrition animée et vive : mais je l'ai tant demandée ! j'ai un si grand désir d'aimer mon Jésus! J'ai confiance; je veux aller à Lui avec cet abandon sans bornes que doit avoir une enfant pour sa mère et ne craindre que ce qui pourrait lui déplaire. »

Elle résume en quelques mots les conseils de son pieux directeur : « N'aimer que Jésus tout seul : puiser dans le cœur de Marie toutes ses vertus, surtout l'humilité. Ne parler que pour l'utile. » La grande maxime qu'elle retient est celle qui convertit saint François Xavier : « Que sert à l'homme de gagner l'univers, s'il vient à perdre son âme ? » Puis elle écrit ses résolutions qui précisent de plus en plus la donation d'elle-même à son Dieu.

« Tout pour Jésus.

Je veux fuir à tout prix le péché.

Je veux obéir jusqu'à l'impossible.

Je veux me détacher de toute affection terrestre et n'aimer que Jésus seul.

Je veux garder le silence à tout prix : car, par le silence, on garde son âme pure de toute souillure.

Je veux que ma conduite soit tellement irréprochable que personne désormais ne s'occupe de moi.

Je veux acquérir à tout prix l'esprit d'humilité et de sacrifice pour plaire à Jésus.

Je veux vivre ignorée sur la terre comme si je n'y étais pas.

Je suivrai ponctuellement tous les avis que mon confesseur me donnera : je les recevrai comme venant de la part de Dieu.

Je ne *quitterai* pas mon imagination errer à l'aventure.

Je travaillerai à mes études avec courage, pensant que c'est la volonté de Dieu.

Enfin, la dernière résolution que je veux prendre est d'aimer mon Jésus : et si je l'aime vraiment, je ne ferai rien qui puisse contrister son cœur. »

Le lendemain, 8 décembre, elle fit une communion fervente, après laquelle elle récita une formule de consécration à Jésus et à Marie, ne se réservant rien de toutes ses facultés, demandant de plutôt mourir que d'offenser son Dieu, promettant de travailler avec courage à l'acquisition des vertus dont elle sentait un si vif besoin. Elle y réussit, dans le cours de cette année, au-delà de toute espérance, s'étant constamment montrée partout l'exemple de la docilité et de l'application à tous ses devoirs.

Ses communions devinrent, je ne dirai pas plus ferventes (elle a toujours communié avec ferveur), mais plus fréquentes et plus régulières. Chaque samedi, elle aimait à purifier sa conscience; puis, le lendemain, habituellement elle s'approchait de la Table Sainte. Elle suivait alors les cours de la première classe, sous la direction d'une religieuse de haute vertu, qui avait un grand zèle pour la formation des pensionnaires à la piété aussi bien qu'aux sciences humaines. Grâce à cette direction, elle sut acquérir la précieuse habitude de la présence de Dieu, rapportant tout à sa fin dernière et surmontant les difficultés du travail par des motifs de foi et des pratiques d'une piété bien entendue.

Au mois de février suivant, les trois années de supériorité de madame Saint-Antoine étant écoulées, elle éprouve un grand chagrin. « On nous a pris, pour mettre à sa place, notre bonne Mère Saint-B…. Tu ne peux te figurer, chère petite Mère, combien toutes nous avons pleuré en apprenant cette nouvelle. Nous étions inconsolables. » Cependant, elle fait l'éloge de la vie qu'elle mène à Valognes dans sa chère solitude. Sa mère lui a mandé qu'elle se plaît à prier seule dans la petite chapelle des Eudistes : « Oh ! oui, bonne petite mère, ce que tu me dis me fait beaucoup de plaisir : Ce n'est que dans le silence et la solitude que l'on peut connaître le bon Dieu. Tu me disais, il y a environ cinq ou six mois, que tu enviais le bonheur des religieuses. Ah ! que tu as raison ! qu'on est bien dans la maison du bon Dieu ! qu'on y est heureux ! mais tout ce que je pourrais dire ne serait rien, car tu connais cela mieux que moi. » — Elle ajoute un peu plus loin : « Je suis très-bien, je me plais beaucoup ici. Toutes ces Dames sont très-bonnes pour moi, je les aime bien toutes. » Et la tante glisse en post-scriptum : « Maria est tout à fait bonne enfant ; j'en suis très-contente ainsi que toutes ses maîtresses ».

Cependant la vacance de Pâques approchant, Maria faisait des rêves charmants : elle passait d'*heureuses journées* à Valognes et *des nuits aussi heureuses* à Granville. Laissons-la parler à sa mère : « Tous les soirs, après vous avoir recommandés à

Dieu, je me transporte au milieu de vous. Et Dieu, qui est si bon, m'envoie de doux rêves pendant lesquels je suis au milieu de vous. Mais hélas ! *bientôt* le tintement d'une cloche vient m'arracher à mes douces rêveries : c'est l'heure du lever. Alors je le fais en vous recommandant de nouveau à Dieu. Puis après être habillées, nous descendons à la chapelle où de nouvelles prières s'échappent de mon cœur pour vous. Tu as éprouvé comme moi le calme que l'on ressent quand on est dans la maison du bon Dieu ; car souvent tu m'en as parlé, en me disant le bonheur que tu éprouvais quand, pensionnaire, tu étais au pied de l'autel de Marie à prier pour tes parents. Moi aussi je le fais et j'ai l'espoir que Dieu m'exaucera. » — « J'ai rêvé cette nuit, écrit-elle l'année suivante, que Jules était arrivé à la maison : dis-moi si mon rêve est vrai et, dans le cas contraire, si tu sais où il est et comment il se porte. »

Ne s'était-elle pas avisée, pendant ce carême, de faire des pénitences outrées dont la mère se plaignit aux vacances de Pâques. Il paraît qu'elle ne levait plus les yeux, et gardait même un silence exagéré. On promit d'y mettre bon ordre et de la faire agir sans contention et naturellement. L'avis qu'elle en reçut fut bien écouté : il suffisait de lui découvrir la vérité à ce sujet, en lui faisant comprendre que l'excès en religion et le scrupule au service de Dieu détruit les élans de l'âme et ralentit plutôt qu'il n'accélère la marche vers la perfection. Maria redevint donc expansive, douce et naturelle, se défiant de son imagination trop vive, et donnant toute son application à ses devoirs. « Commences-tu, chère petite Mère, à t'habituer à ne plus entendre ni à voir ton petit lutin qui t'aime tant? pourras-tu te passer d'elle? Elle envoie un bonjour « à tout le monde, sans oublier son petit serin ».

Devenue sérieuse. plus que jamais, sans perdre sa gaieté, elle attache une importance extrême à la préparation de ses confessions de chaque semaine. « A quoi bon savoir ce qu'il faut pour une bonne confession, si je ne le mets fidèlement en pratique? Voici mes résolutions à ce sujet. 1° Ne jamais me présenter au saint Tribunal sans m'y être préparée *au moins un jour*, me rappelant souvent dans cette journée que c'est Dieu qui prononce la sentence et devant Lui que je vais comparaître. 2° Avant la confession, prendre une demi-heure (elle avait mis d'abord un quart-d'heure, elle ne trouve pas que ce soit assez, fait une rature et ajoute le double) pensant que peut-être c'est la dernière confession que je vais faire et d'où peut dépendre mon salut éternel. 3° Me représenter qu'en péchant, c'est mon Dieu, mon Sauveur, mon Créateur et mon Père que j'ai offensé, ingrate et perfide que j'étais en l'outrageant. 4° Enfin, prendre la résolution de tout faire à l'avenir pour plaire à Dieu; m'exciter par tant de motifs à une vraie contrition et faire une bonne confession.

Elle eut onze prix à la fin de cette seconde année. « Ils sont très-beaux. Je les aurais envoyés à Henri, mais j'aime mieux les lui donner moi-même. Mon

cahier, que j'ai fait relier, est très-joli. Il est couvert en chagrin rouge, et mon nom est écrit dessus en lettres dorées : il sera pour Henri. Est-il content? »
— Oui, vraiment, on était content à Valognes et à Granville.

CHAPITRE DIXIÈME

———

LA CHÈRE ENFANT PASSE SES VACANCES A VALOGNES.
JOURNAL DES VACANCES 1873

La vie du couvent lui devint si chère, qu'aux vacances de fin d'année elle manifesta le désir de rester dans sa solitude. Sa bonne tante aurait désiré qu'elle allât se distraire à Granville. Elle insistait à cause de la mère, ne voulant pas lui imposer cette privation; elle insistait à cause de l'enfant, qui avait besoin d'activité et de mouvement. Notre chère Maria sut intéresser en sa faveur le chapelain de la communauté, obtenir le consentement de sa mère et demeurer ainsi, loin du contact du monde qu'elle redoutait, dans sa chère solitude des Bénédictines de Valognes.

Rien de plus délicieux et de plus solitaire tout à la fois que ce pieux asile, bâti autrefois pour les RR. PP. Capucins de Valognes et occupé aujourd'hui par les Religieuses Bénédictines, auxquelles la Révolution enleva, en 1792, leur première Communauté. Dans cet enclos béni, situé aux écarts d'une ville paisible, la piété et la ferveur ont trouvé un refuge où jamais le relâchement ne pénétra et où l'on entend, depuis deux siècles et demi, chanter continuellement les louanges de Dieu. La tradition de la prière monastique, que la pauvreté des fils de saint François conserva intacte jusqu'aux mauvais jours du derniér siècle, a été recueillie par les filles de saint Benoît, dont la vie austère fait l'étonnement du monde et l'édification de la contrée. Là aussi viennent se grouper, pour y recevoir une éducation solidement chrétienne, les enfants des plus religieuses familles. Loin du bruit, sous la garde maternelle de Notre-Dame de Protection, se perpétuent les saines doctrines et les principes religieux qui sont, dans nos fertiles contrées, la principale richesse et le plus précieux des trésors. C'est là que notre jeune pensionnaire venait de passer une année dans la ferveur, là aussi qu'elle venait d'obtenir une vacance solitaire avec quelques jeunes enfants orphelines ou éloignées de leurs familles.

Restée presque seule, elle écrira, chaque soir, le petit journal de ses vacances. Nous allons en extraire quelques passages : y a-t il un meilleur moyen pour saisir, en quelque sorte, son âme candide en flagrant délit de sincérité ?

Tout d'abord elle s'attriste du départ de ses amies de pension. L'une d'elles est montée au noviciat : « Qu'elle est donc heureuse ! que j'envie son sort ! Si je pouvais être un jour religieuse, que la vie me semblerait douce à supporter ! » Trois autres ont quitté la maison pour toujours : « Elles ont fait ce matin, après la sainte messe, leur consécration d'adieu. Que c'est triste, les adieux ! Mon Dieu, ne

permettez pas que je sois jamais obligée de les faire à
cette maison ! Que je les trouve à plaindre de retourner
dans le monde ! J'ai perdu Augustine : si je l'avais
près de moi, elle m'aiderait de ses conseils, j'imite-
rais sa simplicité. Mais Jésus ne le veut pas ; que sa
sainte volonté soit faite ! »

5 Août. — Elle se trace un petit Règlement de
vacances, où la part de chaque exercice est mesurée
selon les intentions de ses maîtresses. Ce qu'elle
redoute le plus, c'est la dissipation : elle insiste sur
la petite méditation du matin.

7 Août. — Pas encore de nouvelles de maman ni
d'Henri. Ils sont fâchés. Mon Dieu, pourvu qu'ils ne
soient pas tous les deux malades ! Ma mère a grand
besoin de consolations ; consolez-la, mon Dieu, et
guérissez mon frère !

8 Août. — Ce matin, à l'église, j'ai médité sur la
vie religieuse. J'en ai vu les beautés, les peines, les
tentations qui peuvent venir ; rien ne m'effraie. Une
vraie vocation, la grâce d'être reçue, voilà ce que je
sollicite avec toute l'ardeur dont je suis capable. O
jour heureux, que mon cœur sollicite si ardemment,
si tu dois un jour luire pour moi, hâte-toi d'arriver
pour que je me donne à mon Jésus !

9 Août. — Une maîtresse m'a obligée de rester,
bien malgré moi. Elle m'a signalé différents défauts
auxquels je veillerai désormais : j'aime bien que l'on
ait la charité de me signaler mes défauts. Faut-il
avouer un enfantillàge ? J'ai trouvé un habit de religieuse : j'ai voulu faire ma prise d'habit. Je l'ai pris,

puis j'ai mis le scapulaire sur ma tête : Mme St-R...,
me voyant, a reculé épouvantée ; elle s'est cachée derrière une armoire. Revenue de sa frayeur, elle aurait
voulu me gronder ; mais nous avons ri, bien ri, tellement que j'en ai encore mal à la gorge ce matin.
Dieu merci que Mme Saint-A... ne voit pas mon
journal.

13 Août. — Une maladie terrible venait de se
déclarer dans la Communauté ; la pauvre enfant en
est toute désolée : « Je ne sais, dit-elle, quelle
atmosphère nous enveloppe en ce moment, mais je
vois tous les visages tristes... » La maladie d'une
religieuse qui lui portait un intérêt marqué jette surtout son âme dans la douleur.

14 Août. — Lueur de consolation. Louise, une
excellente enfant qui devait, plus tard, lui succéder
dans la charge de présidente, lui a écrit une lettre
charmante : « Qu'elle est donc bonne, cette chère
Louise ! comme elle est simple, et, avec cela, comme
elle a de l'esprit ! Mon Dieu, je voudrais bien lui ressembler ! » — Louise lui a souhaité sa fête, ses maîtresses en font autant ; ce qu'elle accepte avec la plus
grande joie.

15 Août. — Jour de communion, jour de bonheur. On lui permet de voir une de ses maîtresses
malade. « Je l'ai vue et embrassée ; mais, bon Jésus,
dans quel état l'ai-je trouvée ! Ses yeux, ouverts démesurément, semblaient vouloir tout *déplanter ;* sa
figure amaigrie ne laisse plus voir que des os ; ses
mains ressemblent à celles d'un squelette : cette vue

m'a déchiré le cœur. » — A plusieurs reprises, elle revient sur ce triste sujet, tantôt convaincue que cette bonne maîtresse va mourir, tantôt consolée du mieux qui se déclare. Heureusement que la convalescence vint mettre fin à son anxiété si douloureuse.

17 Août. — Beaucoup de choses m'occupent en ce moment, ma vocation surtout. Mais j'en ai pris mon parti : je la remets entièrement entre les mains du bon Dieu ; maintenant, arrive que pourra. — Pas encore de lettre de maman! Ah! si elle savait combien je pense à elle, bien sûr qu'elle ne me laisserait pas sans nouvelles. »

20 Août. — « Voilà qu'arrivée à la classe, je me suis mise à bouder. Tout m'ennuyait, tout m'excitait; je n'ai pas du tout été bien. Après tout ce qu'on fait pour moi, je devrais être parfaite. Ce soir, je suis allée trouver Mme Saint-A... et je lui ai dit : « Madame, je n'ai pas été bien aujourd'hui, n'est-ce pas ? — Non, vous n'étiez pas bien attentive. » C'était la vieille Maria qui était ressuscitée.

21 Août. — Le lendemain, nouvelle faute : la maîtresse prend un ton sérieux. « Le reste de l'après-midi, elle a été très-sévère. Ce soir, je n'y pouvais plus tenir. A notre cellule, j'ai griffonné deux mots pour la prier de me pardonner : ce qu'elle a fait de grand cœur, cette bonne Mère. Car elle est venue me trouver dans ma cellule et m'a dit seulement : Maria, bonsoir. — Puis elle m'a bénie et s'est retirée. Pour moi, surprise, honteuse, je n'ai pu lui répondre que : Bonsoir, Madame, merci. — Mais après qu'elle a eu fermé la porte, les larmes m'ont coulé des yeux; car tant de bonté me rendait confuse. Demain, oui, demain, je tâcherai d'être bien bonne, afin de faire oublier ma journée d'aujourd'hui.

22 Août. — « Une lettre de maman! Elle est encore plus gaie que d'habitude. Elle a été bien contrariée, me dit-elle, mais elle n'est pas fâchée. Tant mieux! car je l'aime bien, ma petite mère. »

24 Août. — « J'ai communié : ah! j'ai été bien heureuse! Je ne suis pas dissipée : j'ai été bien obéissante, si bien que je ne donnerais pas ma communion d'aujourd'hui pour tout l'or du monde. Mon divin Maître, faites que je retire de cette communion l'obéissance et la simplicité. »

25 Août. — « Je suis bien heureuse et bien contente; je crois que Jésus est content aussi. La grâce du bon Dieu m'aidant, depuis dimanche je ne crois pas avoir fait la plus légère désobéissance. Je voudrais être aveugle et me laisser conduire comme telle par où l'on voudrait. On est bien heureux d'obéir ainsi. Oh! comme l'âme est en paix! On n'a pas du tout à se préoccuper, puisque l'on fait tout ce qu'on nous dit. »

L'agacement des jours précédents venait de l'inquiétude qu'elle éprouvait du silence de sa famille. — La lettre de la maman a chassé les nuages. Le 25, elle lui répond une lettre charmante qu'on lira avec plaisir : « Bonne et chère petite mère, j'ai enfin reçu ta bonne lettre, ce qui me prouve que tu n'es lus fâchée; toi, fâchée contre ta petite fille! Ignores-tu donc, chère petite mère, les raisons qui m'ont portée à préférer, pour ces vacances, le séjour du couvent à celui de Granville ? — Je me suis mise à l'étude comme je ne l'avais jamais fait. Aussi, je ne me reconnais plus. Tout commence à s'élargir. Je vois les choses, j'entends la science et je la vois sous un jour nouveau, grâce à l'extrême bonté de Mme la Supérieure, qui a bien voulu me donner une maîtresse pour moi seule, et cela du matin jusqu'au soir. Elle est là, me dictant, m'expliquant et me faisant faire mes devoirs, que je n'avais jamais bien compris (je dois t'avouer que j'ai la tête un peu dure). Tu comprends, chère petite mère, que je ne puis être indifférente à tant de dévouement de la part de tous. C'est à tel point que samedi, Mme la Supérieure (et plusieurs religieuses qu'elle nomme) se sont réunies pour assister aux questions que m'a adressées Mme Saint-A... durant une heure. Juge quelle bonté, et cela pour moi seule ! Tout d'abord, j'ai été un peu déconcertée ; la petite Maria avait de la peine à accepter l'épreuve. Mais ce combat, qui s'est tout passé à l'intérieur, a bientôt cessé, et Maria la raisonnable en a pris son parti. Le bon Dieu aidant (et la maîtresse ménageant peut-être un peu), tout s'est passé pour le mieux et de manière que mes charitables inspectrices m'ont adressé des félicitations. »

3o Août.— « Déjà un mois écoulé depuis les prix ! Nous serons bientôt aux trois quarts de la vacance. Dans un mois, toutes les élèves seront rentrées. Plusieurs des anciennes manqueront à l'appel, mais d'autres viendront remplir leurs places vides. Voilà donc la vie! Oh! pourquoi ces changements? Mon Dieu, toujours de la nouveauté! Quand serons-nous au ciel, où rien ne pourra changer? »

Ce même jour, étant allée à confesse, elle se hasarde, pour la première fois, à déclarer nettement au chapelain de la Communauté la résolution qu'elle a formée de se donner à Dieu. « Je lui ai dit qu'avant de venir ici, j'avais l'intention d'être religieuse; que, depuis mon séjour dans cette maison, ce désir n'a fait que s'accroître; enfin, que ma résolution était de donner ma dot à ma mère : du moins, en quittant tout pour me donner à Jésus, je ne serai pas ingrate envers ma bonne mère. » — En directeur plein de sagesse et d'expérience, son confesseur lui répondit « qu'il fallait lui en reparler plus tard, mais que, d'ici là, il ne fallait pas s'en préoccuper ». — « O Jésus! c'est entre vos mains que je laisse tout cela : vous voyez les désirs de mon cœur, vous savez beaucoup mieux que moi ce qu'il me faut; donc, je ne m'en occupe plus, à vous d'arranger tout cela. »

31 Août. — Jour de communion. « Je n'ai qu'un regret, celui de n'avoir pas assez prié. Le voilà donc passé, ce beau mois, écoulé sans m'en apercevoir. » Elle a fait, dans la clôture du monastère, un pèlerinage à tous les petits sanctuaires. « Mme Saint-Louis devait nous garder jusqu'à cinq heures. La conversation est venue sur les pèlerinages. Voilà que je me suis mise à crier, comme une étourdie : « Faisons un pèlerinage en union avec tous les pèlerins ». Ce mot a fait merveille. Et nous voilà nous dirigeant en procession vers la Vierge de Sainte-Marie. — Arrivées dans cette petite chapelle, nous avons d'abord récité une dizaine de chapelet; puis il est venu à l'idée de Mme Saint-Louis qu'il fallait chanter : « *Ave, maris stella.* » Nous l'avons fait, puis nous nous sommes dirigées vers une autre station, et ainsi de suite : de sorte que nous avons chanté devant toutes les petites chapelles du couvent. Notre ferveur était si grande que, malgré une petite pluie fine qui tombait, nous avons traversé une grande pièce d'herbe, de sorte que nous avons ramassé beaucoup de boue et d'eau, et nous sommes revenues les pieds mouillés. Je l'ai bien fait, ce petit pèlerinage, et j'espère bien que le bon Dieu m'en tiendra compte. »

MOIS DE SEPTEMBRE.

2 Septembre. — Retraite des Tertiaires de Saint-François. « Le Père Capucin nous a dit que, dans l'Eglise, il y a beaucoup d'arbres qui ne portent que des feuilles ou des fleurs, mais peu de fruits. » — Elle suit les instructions, elle en fait le résumé, demandant en grâce à Dieu de la convertir.

5 Septembre. — Le danger de mort qui lui est annoncé pour une religieuse la jette hors d'elle-même. On lui rappelle « que cette tristesse extrême n'est pas le fait d'un cœur chrétien; que nous ne sommes pas sur la terre pour y rester toujours ».

Son bon cœur proteste, bien qu'elle avoue que ces réflexions sont fort justes.

8 Septembre. — « J'ai reçu mon Jésus, je suis heureuse, il ne m'ennuie pas. La chapelle de la Congrégation est parée, au nom de mes compagnes absentes. » Elle y passe une partie de ses récréations à prier pour celles qui sont dans le monde et qui ne doivent revenir que quinze jours plus tard.

10 Septembre. — Pendant la retraite des Religieuses, Maria se réjouit de travailler seule, sous le regard de Dieu, priant pour ses bonnes maîtresses, leur souhaitant toutes les grâces qui les rendront saintes et agréables à Sa Divine Majesté. — « Il fait un temps affreux : le vent souffle d'une manière épouvantable. O Marie, étoile de la mer, ayez pitié des pauvres marins, en particulier de mes frères! N'oubliez pas non plus de consoler ma pauvre mère, que la tempête rendra si malheureuse! »

12 Septembre. — « Je suis allée me jeter aux pieds de notre bonne Mère du Ciel : j'ai pleuré, j'ai prié Marie de nous obtenir la guérison de madame Saint-M⸫. J'ai l'âme dans la tristesse. C'est un bien grand sacrifice, ô mon Dieu, que vous me demandez si elle doit mourir : mais aussi c'est une leçon et un avertissement. Une leçon, en ce que vous voulez me faire savoir que vous seul voulez posséder mon cœur; un avertissement, en me disant que si j'ai gardé toujours mon cœur pur et détaché, la mort me frappera à mon tour sans pouvoir m'effrayer. »

18 Septembre — Pélerinage à N.-D. de la Déli-

vrance à Rauville pour la guérison des malades :
« J'ai bien prié et demandé toutes sortes de grâces à
notre bonne Mère du Ciel. Le temps s'est fâché quand
il nous a vu quitter notre cher couvent; mais il s'est
déridé quand il a vu que nous nous disposions à y
rentrer. »

20 Septembre. — « Je suis toute confuse quand je
pense à toutes les grâces que le bon Dieu me fait.
Demain je communierai : mon cœur est rempli de
reconnaissance. ».— Après la communion : « Je suis
heureuse aujourd'hui : si cela pouvait continuer !...»

21 Septembre. — « Ma tante vient de sortir de ma
cellule : ah! elle est bien bonne pour moi : elle m'aime
beaucoup et moi aussi! »

Ainsi finit le journal des Vacances 1873.

CHAPITRE ONZIÈME

A la rentrée, Maria passait dans la classe supérieure où elle devait, pendant l'année, préparer ses
examens pour le brevet de capacité. Sa piété ardente
allait lui mériter, deux mois plus tard, le titre de
Présidente de la Congrégation. Il y avait d'autres
élèves vertueuses, plus âgées et plus anciennes dans
la maison; mais la Congrégation entière, juge im-
partial du mérite de ses membres, porta sans hésiter
ses voix sur notre chère enfant, âgée seulement de
seize ans et demi.

Son dévouement aux intérêts de la Congrégation,
dévouement qu'elle puisait dans une dévotion filiale à
la Sainte-Vierge, l'avait déjà élevée aux charges
confiées aux sujets les plus méritants : elle les avait
exercées toutes avec un zèle et un dévouement remarquables, prenant naturellement pour elle la besogne
la plus difficile et la plus ennuyeuse. On l'a vue, pendant les vacances, attentive à orner la chapelle au
nom des congréganistes dispersées : elle a prié pour
elles, parcourant la liste et demandant nommément

pour chacune les grâces qu'elle suppose lui être le plus nécessaires. Restée au couvent, elle ne sera pas au retour des vacances « le démon qui se refait ermite » : — On dirait plutôt qu'elle a déjà fait le noviciat de la vie religieuse. Elle prend de l'ascendant sur ses compagnes, mais sans qu'elle y prétende : le zèle sera, dans le cours de cette dernière année de pension, sa vertu dominante.

Aux élections qui eurent lieu trois mois après la rentrée, elle réunit tous les suffrages de ses compagnes qui la nommèrent présidente de la Congrégation. Jamais élève ne remplit cette charge avec tant de tact et un si facile accès sur les esprits. Grandes et petites lui accordèrent la plus entière confiance, et c'était à bon droit. Car, pendant un an qu'elle fut à la tête de la petite société des Enfants de Marie, aucune n'eut à lui reprocher le plus léger abus de confiance. On peut dire, avec la plus entière vérité, quoique son impétuosité naturelle semblât y contredire, qu'elle avait la vertu de discrétion à un éminent degré. Prudente dans ses paroles, elle sut toujours éviter ces rapports qui aigrissent les cœurs, plutôt qu'ils ne rémédient aux maux qu'on veut guérir. Elle déplorait aux pieds de sa bonne Mère les petites infidélités ou transgressions auxquelles elle ne pouvait rien, donnait des avis charitables qui, du reste, étaient bien écoutés, car chacune connaissait la bonté de son cœur.

La mort de madame Saint-Louis, cet ange du noviciat qui fut enlevé après huit jours de maladie à la fleur de l'âge et qui unissait à la piété d'un séra-

bien sincèrement pardon de toutes les paroles pi-
quantes que je vous ai adressées : croyez-le bien, je
les disais de bouche, mais pas de cœur. Je vous aime
et je vous respecte, comme doit le faire une enfant
de la bonne Vierge envers sa réprésentante. Je suis
indigne de votre bienveillance ; donnez-moi cependant, au moins extérieurement, quelques signes
d'affection et ne craignez pas de m'avertir quand je
ferai mal, car je veux à tout prix me convertir. Je
vous l'ai dit, hélas, bien des fois, croyez-moi encore
et aidez-moi à devenir une enfant selon le cœur de
la Sainte-Vierge. Adieu, chère Maria, pardon mille
fois. »

On aime à citer de tels exemples : un pardon si
noblement et si franchement demandé ne se fît pas
attendre. Maria saute au cou de sa compagne qui
devint jusqu'au départ du pensionnat une amie fidèle
et dévouée de sa bonne Présidente. « Oublions tout,
avait dit Maria, comme Dieu l'a oublié, et ne nous
souvenons que d'une seule chose : qu'il faut toutes
deux faire le plus grand bien dans la famille de la
Sainte-Vierge. »

Après une longue réflexion au pied de l'autel de
Marie et après l'avoir bien priée, un jour que les congréganistes avaient encouru quelques reproches, notre
chère Présidente se met en train de rétablir le bon
ordre et la ferveur. « Je les ai vues toutes, dit-elle
dans son compte rendu, chacune en leur particulier ;
elle m'ont prié de les aider un peu et promis d'être
désormais ce que leur impose leur beau titre d'Enfant

de Marie. Pour moi, je promets que, maintenant, je vais remplir ma charge comme j'aurais dû la remplir et, le *Mentor* à la main pour connaître mes devoirs, si jusqu'ici j'ai été molle et tiède, je veux, oui je veux, à tout prix, être ferme et fervente. Humiliations, dé- gradation, je suis prête à tout pour devenir meilleure et voir le bien se faire parmi les membres. Avec la grâce de Dieu, la protection de la bonne Vierge, les bons exemples qui jusqu'ici leur ont manqué, tout ira mieux... » En effet, jamais il n'y eut plus de fer- veur parmi nos chères congréganistes, grâce aux bons conseils et aux bons exemples qu'elles avaient sous les yeux.

Lorsque les réunions du Conseil avaient lieu aux approches des fêtes, on a souvent remarqué sa cha- rité à l'égard des élèves qui sollicitaient leur admis- sion dans la petite Congrégation. Dès qu'elle remar- quait de la bonne volonté, elle avait toujours un bon côté à faire valoir ; comme aussi elle n'hésitait pas à dire franchement les défauts de chacune, quand on cessait habituellement de pratiquer des vertus recom- mandées aux pensionnaires par le *Mentor*. Elle dis- tinguait avec un sens exquis les étourderies et légère- tés passagères pour lesquelles elle demandait indul- gence, d'un ensemble de vie molle, indifférente et paresseuse, qui devait exclure, à son avis, toute idée d'admission parmi les Enfants de la Sainte-Vierge. Chaque jour, elle prenait à part les moins ferventes pour exciter leur zèle, sacrifiant volontiers son repos ou ses jeux, quand il était bon d'encourager telle ou

telle congréganiste qu'on lui avait spécialement re-
commandée.

Sa compassion était grande. Voyait-elle quelque
compagne dans la peine, elle n'avait pas un instant
de repos qu'elle n'eût essayé de lui apporter quelque
chrétienne consolation. Elle pleurait avec celles qui
pleuraient, se réjouissait avec celles qui étaient dans
la joie; et voilà le secret du bien qu'elle fit dans la
Congrégation, le motif du bon souvenir que ses compagnes lui ont toujours gardé.

Elle avait un faible pour les toutes petites du pensionnat auxquelles sa charité ingénieuse savait mé-
nager quelque douceur, poussant même trop loin
l'élan de son bon cœur, puisque le règlement lui-
même n'eût pas autorisé toutes ses largesses. Ce qui
paraissait de dessert chaque midi sur son assiette
passait dans sa poche en contrebande : « Je ne l'ai
jamais vue en goûter, dit une de ses compagnes :
Mademoiselle Le Chapelain avait, à la récréation, ses
petites habituées, auxquelles elle faisait une distribution toujours bien accueillie et toujours renouvelée.
Je ne crois pas, ajoute malicieusement la pensionnaire, *qu'elle en eût obtenu la permission de la première maîtresse.* » On aurait bien des traits à rapporter touchant sa charité : citons-en quelques-uns :

Quand je voulais lui faire grand plaisir, dit la
tante, je lui permettais d'offrir quelque chose à ses
maîtresses. Un jour, elle avait trouvé l'une d'elles
lisant son bréviaire à la lueur d'une toute petite
lampe. Elle arrive. « Ma tante, si vous vouliez me

faire bien plaisir, vous me permettriez de faire des économies. Puis, lorsque j'aurais assez, je donnerais une lampe à Mme St..., car elle va se fatiguer les yeux. Voulez-vous, ma tante? je vous en prie! » La lampe est commandée. Elle était si contente! L'huile mise, elle oublie, dans sa joie, qu'il fait encore jour, la porte, allumée, dans la cellule de sa bien chère maîtresse, qui fut toute surprise, en arrivant chez elle, d'y trouver de la lumière ». Pour Maria, quel bonheur!

« Au jour de l'an, raconte sa bonne tante, je lui donnai cinq francs pour étrennes, en lui disant : « Vous en ferez ce que vous voudrez, sans venir me demander permission ». Dans la même journée, elle va trouver une de ses maîtresses, lui montre son petit trésor et lui demande : « Que pourrais-je donc donner à ma tante? » Le choix fut vite fait : on s'arrêta de concert à demander un ouvrage en trois volumes qui furent cachetés, avec une lettre d'envoi charmante, le tout remis en cachette à la cellule de la bonne tante. Malheureusement, la carte à payer se montait à neuf francs. Que faire, n'en ayant que cinq? Trois mois d'économie la sauvèrent de la banqueroute : encore fallut-il avouer *à ma tante* que nous lui avions demandé deux fois de l'argent sans en avoir besoin. — Pour punition, la bonne tante lui offrit un paroissien. Elle refusa, estimant qu'elle n'en aurait jamais un plus précieux que celui de sa première communion.

Ardente et emportée, elle avait besoin d'être mo-

dérée dans ses mortifications. N'avait-elle pas pris,
un hiver, la résolution de ne point se chauffer ni
même de prendre sa camisole ! Pas même de manteau
de nuit ! On avertit la tante que la pauvre enfant,
n'ayant sur son lit qu'une couverture de coton, laissait dormir dans son armoire sa couverture de laine
par le froid le plus rigoureux. Avouons qu'elle n'était
pas assez obéissante, et qu'en tout ceci il eût été
mieux de ne rien faire sans autorisation.

Un jour, en classe, une bouteille d'encre rouge est
renversée. L'étourdie, qui avait commis cette mala-
dresse en l'absence de la maîtresse, refuse de la
réparer, de peur, premièrement, de salir ses doigts,
et ensuite, par crainte d'être grondée. Maria arrive.
La coupable, désolée, se disait : « Comment vais-je
faire ? » — « Soyez tranquille, dit Maria, on va dire
que c'est moi. » — Or, pendant qu'elle gratte et
lave, la maîtresse arrive. Toutes en chœur de dire en
souriant : Voyez, Madame, comme elle est mala-
droite ! Vraiment, cette Maria n'en fera jamais d'autres. — Et toutes d'accord pour accabler la pauvre
présidente qui ne souffle mot. A la fin, Louise, dont
le bon cœur se révoltait, avoue la vérité. La scène
changea, mais pendant longtemps Maria avait tra-
vaillé seule sous le feu des reproches, ne voulant point
que d'autres se salissent les mains, réparant la faute
qu'elle n'avait point commise et enlevant la tache du
plancher sans souffler un mot d'excuse. Certes, deux
ans plus tôt, elle n'eût pas fait cet acte d'humilité.

Elle écrit dans son journal, à cette époque, un

7

trait charmant qui fait voir combien sa charité pour
ses petites compagnes était délicate et ingénieuse.
Une nuit d'hiver, la petite Marie, alsacienne recueillie
par Monseigneur et confiée à la Communauté,
s'éveille et jette de hauts cris. La maîtresse de dortoir,
absente pour les Matines, n'est pas là pour consoler
la petite, âgée de cinq ans à peine, qui se lève dans
l'obscurité et pleure à chaudes larmes. Maria, quoique bien peureuse au milieu de la nuit, s'empresse
de remettre la petite orpheline dans son berceau.
Pour vaincre ses terreurs, qu'a-t-elle fait? Elle s'est
armée de son chapelet et du signe de la croix. Mais
après cela, il lui est impossible de se rendormir, par
l'inquiétude qu'elle éprouve au sujet de sa petite
sœur de pension. La maîtresse, de retour, passe et
repasse devant la cellule de la chère enfant, qui,
brûle d'envie d'assister à la sainte Messe, ne pouvant
se rendormir. « Elle me dit que je n'irais pas, parce
que ces demoiselles demandaient à y aller aussi;
c'est justice : aussi je n'ai rien dit, mais j'ai offert
mon sacrifice au bon Dieu. »

14 Décembre. — Un dimanche. « Aujourd'hui,
nous avons enfin assisté à la sainte Messe : ce qui
m'a consolée un peu. La chapelle était si belle aujourd'hui! Elle était arrangée avec tant de goût que
j'étais bien contente et fière de nos sacristaines. Cette
chère Marie Leledy est venue, pendant la récréation,
me chercher pour me la faire voir : « Ce qui m'a fait
bien plaisir ».

L'une de ses pratiques, comme présidente, était de

lire, chaque jour, l'*Imitation de la Sainte-Vierge* :
« J'aime beaucoup ce livre, dit-elle, parce qu'il me
fait connaître les vertus de ma Mère ». Avec le
Mentor, ce livre de piété lui était d'un grand
secours. « La Sainte-Vierge nous a été, pendant cette
terrible année, d'un bien grand secours. Privées de
notre bon Père, nous étions seules et tristes de voir
la Congrégation abandonnée. Cependant nous avons,
tous les dimanches, récité le petit office. Nous chan-
tions, avant la réunion et à la fin, de beaux cantiques. Les jours de fête, nous obtenions la permission de faire une lecture qui remplaçait l'Instruction.
Quel mal nous nous sommes toutes donné pour
conserver un peu de ferveur ! Tout va bien maintenant : que j'en suis heureuse ! La Congrégation est
florissante et je m'en réjouis. Il faut que je te confie,
mon cher Journal, ce qui nous est arrivé avec le bon
Père Supérieur. Quand mes compagnes n'étaient pas
hardies, elles m'en chargeaient, je le disais au Père,
qui les rendait toujours bien heureuses. Hélas ! notre
bon Père Aubrais nous quitta : il était mûr pour le
Ciel. Bon Père, veillez sur votre petite famille et
conservez toujours la ferveur parmi vos enfants de
la Congrégation ! »

CHAPITRE DOUZIÈME

La maladie du bon prêtre que la Communauté
allait perdre quelques semaines plus tard se prolon-
geant toujours, la pauvre enfant se désole de ne
point aller à confesse. Elle hasarde une demande,
qui n'aboutit pas. Enfin, le R. P. Supérieur du col-
lége, ayant bien voulu secourir la Maison pendant
la maladie de M. Aubrais, vint lui-même confesser
les enfants, chaque semaine, et envoya l'un des
Pères du séminaire pour l'instruction religieuse. Le
Père Supérieur eut bientôt apprécié la présidente et
gagné la confiance de cette enfant. « J'aimais, nous
disait-il, à lui parler des affaires courantes, de son
travail, de ses progrès, de son avenir. Tant de simplicité jointe à une ardeur pour le bien irrésistible,
une franchise et une naïveté d'enfant, une candeur et
une ouverture de cœur sans égale, donnaient un
attrait tout particulier à sa conversation. On y eût
volontiers passé des heures entières. » — Ce n'est
pas qu'elle fût légère ou inconsidérée dans ses paroles. On pouvait lui confier un secret, elle savait se
taire. Mais, quand son cœur s'épanchait, elle trou-

vait dans son âme innocente une manière de parler et de s'ouvrir qui plaisait singulièrement et la faisait aimer. — Il fallait qu'elle connût bien son monde pour s'ouvrir de la sorte! « Autant, remarque une de ses amies, je crois qu'elle savait être expansive quand elle connaissait son monde, autant j'ai trouvé les portes closes lorsque j'ai voulu la sonder, pénétrer ses motifs, et cherché à connaître ce qu'elle espérait faire dans l'avenir. »

La mort de M. l'abbé Aubrais, arrivée le 20 avril 1874, lui fut un coup très-sensible. Elle avait pour ce prêtre vénérable un respect et un attachement qui allait jusqu'à l'admiration. Comme il l'avait toujours dirigée avec une douceur pleine de prudence et de dévouement, elle lui portait la confiance la plus entière, toujours disposée à lui parler de ses peines, de ses attraits, de son avenir, et toujours prête à lui obéir sans réplique comme sans arrière-pensée. Elle peint quelque part la tristesse qu'elle éprouva en le conduisant au cimetière. Souvent, dans son journal, elle l'invoque comme un protecteur, ne doutant pas que Dieu, qui récompense les existences noblement remplies, n'eût donné à son fidèle serviteur une place de choix dans son royaume.

Elle associait, dans ce culte pieux de la reconnaissance, la vénérée Mère Saint-Antoine, qui lui portait un intérêt spécial et lui avait donné maintes fois les preuves les plus évidentes de sa maternelle bonté et de sa protection. Disons en passant que cette vénérable

Mère, pendant les cinquante-deux ans de sa vie religieuse, avait mérité six fois d'être élue à la charge de
supérieure. Cette charge, qu'elle exerça vingt-six ans
presque consécutifs, à la satisfaction générale de la
Maison, lui avait acquis l'influence la plus légitime
sur sa fervente communauté. Ame sainte, religieuse
d'un sens exquis, la bonne Mère avait compris notre
ardente pensionnaire et elle l'aimait comme une enfant bénie du Ciel. Celle-ci, du reste, la regardait
comme une mère et n'agissait que d'après ses conseils.

Cependant, l'année scolaire 1874 allait se ter-
miner. Elle avait apporté à notre chère Maria, en
récompense de son application, le brevet tant désiré.
Ce succès ne paraît pas lui faire, dans son journal,
une impression profonde. Elle l'accepte comme une
permission de Dieu, elle en jouit à cause de nous qui
le désirions plus que l'enfant : quant à s'en glorifier,
jamais. Lorsque, pendant les vacances, on lui en
fera compliment, elle sera honteuse, sachant bien
que sa science était peu de chose, en comparaison
des connaissances étendues qu'elle apercevait dans le
lointain, mais qu'elle ne possédait pas encore. Le
brevet ne lui ôta donc rien de sa modestie; elle
revint de Saint-Lô, grâce à Dieu, avec sa belle simplicité. Bientôt après, les vacances allaient s'ouvrir,
les dernières qu'elle dût passer dans le monde : elle
s'y prépara donc avec le plus grand soin. Non-
seulement elle pense à elle-même; mais, comme présidente de la Congrégation, son souhait serait que

toutes les pensionnaires fussent associées dans une commune prière. De là ce billet rédigé de sa main et communiqué à toutes les Congréganistes au moment du départ :

PRATIQUES DE PIÉTÉ PENDANT LES VACANCES.

« A huit heures du matin, nous, Enfants de Marie, nous nous réunirons toutes en esprit, dans la chapelle de la Congrégation, pour y réciter le *Souvenez-vous*.

A la même heure, huit jours avant la fête de l'Assomption et huit jours avant la fête de la Nativité, nous ferons une petite neuvaine qui consistera à réciter trois *Ave, Maria,* et la prière « *O ma Souveraine!* » pour nous préparer à la sainte communion que nous ferons toutes ce jour-là.

Le premier samedi de chaque mois, nous réciterons les *Litanies de la Sainte Vierge.*

Tous les dimanches, nous réciterons, avec la plus grande piété possible, notre petit office de l'Immaculée-Conception. »

A chaque exemplaire, la fervente présidente ajoutait : « Soyez bien fidèle, chère sœur, à ces petites pratiques, et notre bonne Mère du ciel vous aimera, prendra soin de vous, et elle vous bénira. »

Son règlement de vacances est assez peu compliqué. « Je ne puis rien préciser, n'étant pas chez nous et ne m'appartenant pas. Sitôt éveillée, je donnerai mon cœur à Jésus. J'irai à l'église dès que je le pourrai ;

je me transporterai par la pensée dans notre petite chapelle de la Congrégation. Je ferai tout pour être aimable et charitable envers tous. Je me montrerai, dans la conversation, aimable et retenue, modeste et réservée, comme doit l'être toujours une Enfant de Marie. Mon rosaire tous les jours, dussé-je m'endormir fatiguée en le récitant. Confession et communion tous les huit jours. Je ferai tous les soirs mon journal avec beaucoup de simplicité. Pour le lever et le coucher, suivre, autant que possible, l'heure du pensionnat. Je serai obéissante, respectueuse envers mes parents, douce et aimable envers mon prochain. Enfin, ô mon Dieu! la résolution générale que je prends est de toujours vous aimer de plus en plus, de toujours recourir à vous, de ne point vous perdre de vue un seul instant. O Marie, ma bonne Mère, je vous en prie, montrez-vous toujours ma mère, et moi je vous promets d'être toujours votre enfant. Que cette vacance me soit utile du côté de la vocation, mais, de plus, qu'elle me fasse croître dans l'amour de votre divin Fils et pour vous, ma bonne Mère; que je revienne dégoûtée du monde et de ses vanités. Que bientôt je puisse être religieuse! C'est sous vos yeux que je serai toujours, ô ma bonne Mère! Bénissez votre enfant, et, de grâce, ne l'abandonnez pas un seul instant! »

Au bas de ce règlement, on lit en note : « Si parmi nos pensionnaires quelqu'une doit plus particulièrement se montrer édifiante, n'est-ce pas celle qui, malgré son indignité, se trouve placée à la tête des

Enfants de Marie? Que Dieu la conduise en toutes ses voies et la ramène, dégoûtée du monde, prête à suivre la volonté du Ciel! » — Ce souhait, lu et relu chaque jour par la pieuse présidente, devait heureusement s'accomplir à la fête de l'Immaculée-Conception de la même année.

JOURNAL DES VACANCES 1874.

30 Juillet. — Parlerai-je de la journée des prix (elle avait eu un prix d'honneur)? Je ferai mieux de n'en rien dire. Ce jour-là pour mon cœur n'est pas effacé; mais laissons cela dans l'oubli. Hier, je fis la sainte communion : bonheur. J'ai dit adieu à ma bonne tante, le visage souriant, mais le cœur bien gros. En voyant disparaître les dernières maisons de Valognes, je me disais : Dans quinze jours, je reverrai mon cher couvent. Pendant tout le voyage, j'admirais la campagne et je bénissais le bon Dieu. En passant, j'ai aperçu le cimetière où repose notre bon et saint Père (*) : je l'ai prié de protéger sa pauvre Maria! Que d'ennuis dans la journée! toujours présentée *comme une demoiselle qui a pris son brevet; des compliments*. Ah! que j'aimerais mieux qu'on s'occupât moins de moi et de ma science!

31 Juillet. — J'aurais bien voulu assister à la sainte messe : cela n'était pas possible. Alors, j'ai fait de mon mieux ma prière; puis je me suis rendue en esprit dans notre petite chapelle de la Congréga-

(*) M. Aubrais.

tion, où j'ai fait mes petits exercices. L'après-dîner, nous sommes allées au château, où naturellement on me présente comme une *demoiselle brevetée*, bien savante : j'en ris quand j'entends tout cela. De là, nous sommes allées faire une petite visite au bon Dieu : j'étais bien contente de pouvoir lui parler un peu. Et puis, la chapelle de la Sainte-Vierge est si belle ! J'ai prié ma bonne Mère de bien prendre soin de moi jusqu'à mon retour.

1ᵉʳ Août. — Encore un mois qui commence. Mon Dieu, daignez, je vous en supplie, le bénir et m'accorder la grâce de le passer saintement. Je suis bien heureuse : je suis allée à la messe et j'ai eu le temps de faire mes petites prières. A huit heures, je me suis transportée dans notre petite chapelle : qu'on y est bien, même par la seule pensée !

2 Août. — Aujourd'hui dimanche, que c'est triste ! je ne vous ai pas reçu, ô mon Dieu ! Que la semaine sera longue ! J'ai assisté de mon mieux à la messe... Nous sommes allées aux Dunes, après les vêpres. Louange et actions de grâce, ô mon Dieu, pour toutes les merveilles de votre Providence. Dans le bois de sapins on faisait la guerre aux petits oiseaux. Pauvres petits, poursuivis et harcelés par ces vilains qui voulaient les manger ! Comme nous passions, l'un de ces pauvres petits est tombé entre leurs griffes : comme elle criait, la malheureuse petite bête; c'était à fendre le cœur !

7 Août. — Cette semaine j'ai reçu plusieurs lettres ; j'ai répondu, comme de juste, ce qui m'a empêché d'écrire mon petit Journal des vacances. Monsieur l'abbé ne s'est-il pas avisé de dire que je vais être bientôt bénédictine : il me fait bien rire quand il se permet déjà de me donner des noms, les plus singuliers qu'il puisse trouver. Il est grand temps que je me donne à vous, ô mon Jésus : déjà j'ai dix-sept ans et je n'ai rien fait pour le Ciel.

8 Août. — Je suis heureuse, je viens de confesse. Cela me coûtait puisque je ne connaissais pas ce confesseur nouveau : mais je me suis figuré que je parlais au bon Dieu et maintenant je suis bien contente. Mon confesseur m'a fait une bien belle exhortation : « Oui, me disait-il, donnez-vous à Jésus, aimez-le et ne faites rien qui ne soit pour Lui ». J'étais heureuse en entendant ces belles choses. Il voulait aussi me faire communier pendant la semaine : j'aurais bien voulu, mais n'étant pas chez nous, éloignée de l'Eglise, je crois qu'il vaut mieux m'en abstenir. Dans mon action de grâces et depuis je répète souvent : « Oui, mon Dieu, c'est à vous que je veux être, n'aimer que vous, ne servir que vous seul, sans réserve et sans partage ».

9 Août. Dimanche. — Je suis allée à la messe basse recevoir mon Dieu. Je me suis figurée comme toujours que j'étais dans ma chère petite chapelle du couvent. Quel bonheur, ô mon Dieu, quelle douceur d'être à vous ! Tout mon être vous appartient. Je n'ai qu'un désir : être religieuse; je n'ai qu'une pensée : faire tout pour Dieu. J'ai recommandé à mon bon Maître ma famille, surtout ma mère, mes frères, mes maîtresses, mes compagnes, spécialement mes petites sœurs en Marie.

26 Août. — Journée d'ennui. Mon Dieu, pourquoi m'avez-vous abandonnée ?

31 Août. — Ce mois commencé dans l'ennui du départ, je vais donc le finir dans la douleur. Pas de nouvelles de Valognes ! Ah ! mon Dieu ! Ma tante serait-elle malade ? O mon Jésus, permettez à votre enfant de se jeter dans votre Sacré Cœur ! Que votre sainte volonté s'accomplisse ! Je vous quitte, on m'attend : je termine ma petite correspondance avec vous, mais non pas *mon entretien*, car j'espère bien toujours vous dire *de petites choses*.

1er Septembre. — Une lettre de ma tante : premier bonheur. Je pars pour mon cher couvent, seconde grâce : demain je communie, ah ! c'en est trop, ô mon Jésus : comme je vais vous aimer ! puissé-je, une fois rentrée au couvent, n'en plus sortir, si c'est, ô mon Dieu, votre sainte volonté !

Ici finit le Journal des vacances.

Veut-on savoir ce qu'était devenue la petite vaniteuse d'autrefois : on en jugera par le trait suivant :

Etant à Denneville, chez sa cousine qui l'aimait à l'égal de ses propres enfants, celle-ci, voulant lui témoigner sa joie du succès qu'elle avait obtenu à Saint-Lô, lui offrit une robe à son choix et une coiffure. « Faites-moi le plaisir d'accepter, Maria, lui dit-elle, et portez-les en souvenir de moi. — Ma cousine, lui répondit-elle avec une parfaite simplicité, en fait de toilette je n'en ai pas besoin, je retourne au couvent. Mais puisque vous voulez bien me donner quelque chose, je préférerais des mouchoirs de poche; on en a toujours besoin : seulement il ne faut pas qu'ils soient fins; du reste je vous en ferai voir un des miens. — Dans la soirée, elle portait à sa cousine le plus gros de ses mouchoirs. Charmée de voir, dans une jeune fille de dix-sept ans, un goût si prononcé pour la simplicité, l'excellente dame lui fit un très-beau cadeau de linge qui pouvait lui servir à la communauté. — Au jour de l'an, quelques mois après, elle écrivait à sa bonne cousine une lettre d'une délicatesse de sentiment que son cœur reconnaissant lui dictait au courant de la plume : « Je ne saurais laisser partir notre bonne petite Marie sans la charger d'une lettre qui vous dira les vœux et les prières que mon cœur, au commencement de cette année, adresse pour vous au Ciel. Puissiez-vous près de vos fils qui feront votre gloire, avec votre petite Marie qui sera votre joie et votre consolation, passer encore sur cette terre de bien longs et heureux jours. Que Notre-Dame de Lourdes, si féconde en miracles, veuille bien vous rendre la santé, l'usage de vos bras surtout! Oh! que je serais donc heureuse, si Marie allait m'apporter seulement deux lignes écrites par vous, au crayon, n'importe! Je prie tous les jours pour vous, bonne cousine. Et comment ne le ferais-je pas ? Tout, autour de moi, me rappelle votre bon souvenir. Au noviciat, dans notre petite cellule, il y a une petite table, sur cette table une boîte recouverte d'un linge bien blanc, sur ce petit trône un charmant et bien cher saint Joseph (celui que vous avez eu la bonté de me donner) ayant à un de ses côtés notre sainte Règle et de l'autre notre Constitution. Au-dessus de notre lit est suspendu le portrait de notre bonne Mère du Ciel, que Marie m'a apporté à la rentrée. Tous les soirs, j'embrasse notre bonne Mère et saint Joseph en les priant de vous accorder une bonne nuit. Le matin, pendant la sainte Messe, j'ai devant moi notre bonne petite Marie : C'est pourquoi, vous le voyez, bonne cousine, je pense souvent à vous : mais par malheur mes prières sont bien peu de choses ». — Ces allusions délicates sont la marque d'un cœur reconnaissant : sur ce point, Maria ne se laissait jamais vaincre par les bienfaits reçus. Et quand elle écrivait, au courant de la plume, toujours elle remerciait avec effusion quiconque avait eu la bonté de s'occuper de son avenir. Chère enfant, que n'avons-nous encore à lui faire du bien ! Mais Dieu s'est hâté de la placer dans un séjour meilleur.

Elle avait appris à craindre les vacances. Deux ans s'étaient écoulés presque sans qu'elle se les permît, voulant sans doute se préparer à son brevet, mais n'étant pas fâchée de mettre entre elle et le monde la clôture de sa chère Maison de Valognes. A peine partie en vacances, ayant, le 24 août, l'occasion de souhaiter la fête de saint Louis, elle le fait en termes délicieux. Puis elle ajoute : « Veuillez vous souvenir de votre enfant pendant les longs jours ou, seule, elle aura bien des combats à soutenir. Priez, afin que la grâce du bon Dieu et la protection de Marie accompagnent l'enfant et la ramènent fervente au port du salut. »

Jusqu'à l'époque de ses examens, nous avions eu le moyen le plus aisé de retarder ses impétueux désirs. Il avait été décidé qu'elle passerait avant tout ses épreuves pour le brevet de capacité : ce qu'elle fit, nous l'avons vu, avec facilité, en mettant toute sa confiance en la Sainte Vierge. « Je la vois encore, dit une de ses maîtresses, tremper dans l'eau de Notre-Dame de Lourdes chacune des plumes qui devaient lui servir, et demander humblement, en partant, la bénédiction du prêtre, comme si elle eût tout attendu de Dieu et rien des hommes. Elle était revenue joyeuse de son succès, à cause du bonheur qu'il procurait à sa bonne tante et à sa mère. Agée de dix-sept ans, elle sollicitait plus vivement que jamais le bonheur de la vie religieuse. A cause de sa grande jeunesse, on eût voulu achever son instruction et lui faire prendre son premier degré. Mais tel était son désir, qu'après cinq mois de délais appuyés sur des prétextes plus ou moins fondés, il fallut enfin en venir à l'exécution.

Quoiqu'elle conservât l'espérance secrète qu'un jour elle devait aller à la Trappe, ne pouvant y prétendre à cause de son jeune âge, elle parut modérer ses goûts et se contenter de la règle du grand patriarche de l'Occident. Le petit noviciat bénédictin de Notre-Dame de Protection était devenu le but de ses espérances. Elle réitérait sans cesse sa demande, allant de sa chère tante aux supérieurs, et, dans les termes les plus pressants, les conjurant de ne point retarder son bonheur. Enfin, la permission de son excellente mère lui étant accordée, il fut convenu que le 8 décembre, jour de l'Immaculée-Conception, elle monterait au noviciat.

CHAPITRE TREIZIÈME

Sa bonne mère, qui la trouvait trop jeune, avait
différé le plus longtemps possible ; Maria insistait
toujours : « Que ferez-vous, lui disait-on, si votre
mère refuse? Elle pourrait vous remettre à plus
tard, jusqu'à votre majorité. — Oh! reprenait-elle
vivement, maman est trop bonne pour me refuser. »
En effet, vers la fin de novembre, elle obtenait la
permission qu'elle demandait depuis longtemps :
« Que je suis heureuse de cette permission, chère
maman, et comme je te remercie! Je prierai encore
beaucoup plus pour vous, une fois novice. Oh!
soyez-en sûrs, pas un jour ne se passera sans que je
pense à vous tous. » Sa joie était au-delà de toute
expression. La veille du 8 décembre, la Mère prieure,
première maîtresse du pensionnat, la remit entre les
mains de la Supérieure, accompagnant cet acte du
témoignage le plus avantageux : « Ma Révérende
Mère, lui dit-elle, je vous rends l'enfant que j'ai
reçue de vous. Son âme n'a pas, j'en ai la confiance,
perdu sa blancheur première. Elle sera, je l'espère,

8

dans la Communauté, ce qu'elle a été dans le pensionnat, où le souvenir de sa vertu ne s'effacera pas. » Les Congréganistes étaient là aussi, formant le cortège de celle que toutes regardaient comme une sœur tendre, une amie pieuse et dévouée. Faisant mention de cette journée dans ses notes intimes, elle termine son récit par ces paroles : « Adieu, délices, joies si pures de ma chère Congrégation; adieu, mes bonnes petites sœurs en Marie; adieu, chères compagnes, qui avez eu tout mon cœur, adieu. Désormais, un mur nous sépare. Dieu seul désormais : adieu. » A peine entrée au noviciat, elle trouve la Croix de Jésus, son Maître, qu'elle désirait porter avec une sainte ardeur.

En effet, la première épreuve du noviciat fut la fête du lendemain, 8 décembre, qui lui rappelait de doux souvenirs. Elle venait de quitter, non sans regret, le modeste ruban de Congréganiste auquel elle tenait plus qu'à la décoration de présidente. « Jamais, dit-elle, ma médaille ne m'avait été aussi chère ! En me faisant religieuse, c'est une vie de Croix que j'embrasse : je crois que le bon Dieu me détache de tout pour que je n'aie plus de consolation en dehors de Lui : que sa sainte volonté soit faite ! » Et comment ne lui en aurait-il pas coûté de sentir la Congrégation en fête le jour même où elle l'avait quittée pour se donner à Dieu! Ce jour de l'Immaculée Conception lui rappelait tant et de si doux souvenirs!

Aussi fut-elle toute triste le jour de la fête, ne pouvant partager qu'en secret la joie de ses anciennes compagnes. Elle pleura même pendant le silence, après s'être fait violence pour paraître gaie au temps de la récréation. Ses compagnes, ses sœurs en Marie, étaient si heureuses! La pauvre enfant eût voulu partager leur joie et passer ce jour de fête en leur société, occupée à chanter les louanges de la Mère du Ciel. Au lieu des joies du pensionnat, elle trouvait les épines de la probation qui devaient la faire tant souffrir! Pour elle, l'enfance joyeuse et expansive venait de finir : Jésus, son maître, qui la voulait à Lui, la faisait désormais participante du Calice de la Passion.

La bonne Mère Ste-M***, dont la vieille expérience savait si bien former les âmes au renoncement et à l'humilité, résolut, en effet, de la conduire sans ménagement par la voie des parfaits : « Je la grondais sans ménagement, dit-elle, pour la moindre chose, afin de l'humilier et de lui donner de la défiance d'elle-même dès le jeune âge. Plus je la reprenais, plus elle était bonne, complaisante pour moi et charitable. J'ai tenu bon pendant deux mois, elle tenait bon de son côté; si bien, ajoutait la bonne Mère maîtresse, qu'au bout des deux mois la petite novice l'emportait sur sa bonne vieille directrice, qui s'avouait vaincue et la traitait ensuite avec moins de rigueur. Je ne l'ai pas épargnée, je vous assure, et je puis vous affirmer que c'est une bonne enfant. » La forte nourriture qu'elle prenait à cette école de discipline religieuse mûrissait rapidement sa mâle vertu. Chose vraiment surprenante! notre jeune enfant, si rudement conduite par une âme qui l'aima d'un amour de prédilection, eut une affection réciproque pour sa Mère maîtresse, de sorte que Dieu les avait préparées l'une pour l'autre avant de les réunir, peu de temps après, dans une commune félicité.

Au commencement de l'année 1875, elle écrit : « Le bon Dieu m'accordera, cette année, une bien grande faveur : je serai, je crois, confirmée. Pour me bien préparer à recevoir ce Sacrement, qui produisit autrefois tant de prodiges dans l'âme des Apôtres, je veux avec la grâce de Dieu : 1º Me lever au premier signal; 2º me prosterner, avant Matines, aux pieds de ma bonne Mère du Ciel, afin qu'elle même me dispose à recevoir le divin Consolateur; 3º pour que mon âme soit bien « *gentille*, » je veux bien faire mon Oraison matin et soir et assister de mon mieux à la sainte Messe.

Le billet de Carême, qu'elle rédigea deux mois après, contenait naturellement plus qu'il ne lui était possible de faire au sujet des mortifications. Elle eût désiré jeûner plusieurs fois la semaine, aller aux Matines, faire son chemin de Croix, se donner la discipline; il fallut mettre un « non » au bout de quelques lignes. Mais, en revanche, elle écrivit d'excellentes résolutions telles que celles-ci : « La vertu que je veux acquérir ce Carême est l'humilité. Je veux désormais obéir sans aucune réplique; ne jamais m'excuser ». Elle ajoute : « Humiliez-moi le plus que vous pourrez, je vous prie, ma R. Mère, donnez-moi à faire des travaux qui m'abaissent *bien,*

bien. Parler bas et marcher doucement comme saint Louis de Gonzague, dont je veux imiter le recueillement, la modestie et le silence ; n'avoir pas un mot inutile à me reprocher. Etre bien charitable pour toutes mes Sœurs, qui le sont tant pour moi. » Ces excellentes pratiques lui furent recommandées et plusieurs actions humiliantes prescrites ; elle s'y porta comme toujours avec empressement et générosité.

Le 28 Mars, jour de Pâques, elle envoie un billet à sa cousine par la bonne petite Marie. Elle est heureuse : la sainte Règle « sanctifie son âme et fortifie son corps ». Elle a chanté toute la journée le joyeux *Alleluia.* Elle a prié tous les jours Notre-Dame de Lourdes pour ses chères malades. « Si la Sainte Vierge ne s'est pas encore rendue à nos prières, nous allons lui faire si grande violence, pendant le mois d'Avril, qu'il faudra bien que pour le beau mois de Mai elle guérisse parfaitement nos chères affligées. » La chère novice allait connaître incessamment la voie des parfaits, qui est le Calvaire et la souffrance. N'oublions pas ici que Dieu conduit ses élus par des voies mystérieuses qu'il serait imprudent de traduire au tribunal de notre humaine sagesse.

On lui reproche, pour l'éprouver, un jour qu'elle avait jeûné, son appétit de dix-huit ans : honteuse de « *sa gourmandise,* » elle vient, à chaudes larmes, s'informer comment elle pourra en faire l'accusation. A genoux et sans mot dire, elle reçoit en même temps l'avis mortifiant « de tâcher, dès les commencements, de diminuer son appétit ». Utiles peut-être

quand elles s'adressent aux natures molles et peu généreuses, ces répréhensions intempestives qui, d'ailleurs, lui étaient faites par une personne étrangère
au noviciat, la rendaient très-timide, au point qu'elle
se faisait des violences inouïes pour lire ou chanter
quelque chose en public. Deux fois il lui arriva de
perdre connaissance, après un effort de cette nature,
qui ébranlait fortement sa faible constitution. Cet
accident lui valut encore, à contre-temps, une réprimande très-sévère qui la rendit inconsolable. Heureusement qu'on fut averti de ces épreuves, qui auraient
pu fausser sa voie et la jeter dans le découragement.
De son côté, la bonne Mère maîtresse, à laquelle elle
se confiait avec un abandon parfait, la soutint dans
de telles douleurs au-dessus de son âge, mais non pas
au-dessus de sa généreuse vertu.

JOURNAL 1875. — C'EST LE MÉMORIAL DU SACREMENT
DE CONFIRMATION.

13 Mai (trois jours avant la Pentecôte). — Petite
neuvaine préparatoire. J'ai répondu à l'une de nos
Sœurs : ce qui nous a valu d'être grondées et d'embrasser la terre, mais c'était bien la terre, car nous
étions au jardin. Nous sommes allées arranger de la
mousse, alors nous en avons profité pour dire un rosaire à notre bonne Mère du Ciel et un pour les
morts. Mais voilà que, quand le réfectoire a sonné,
nous étions enfermées : pas moyen de trouver la clef.
Alors nous avons ri comme deux petites sottes. A la

fin, une de nos Sœurs a trouvé la clef : nous en
avons été quittes pour nous mettre à genoux et embrasser la terre au milieu du réfectoire. J'ai pensé
plusieurs fois à la Trappe. Je prie bien pour que le
bon Dieu fasse connaître sa sainte volonté, car vous
savez, mon bon Jésus, que je veux l'accomplir à
n'importe quel prix.

Vendredi 14. — Pensées sur la Trappe. Envie
d'y aller. Mon Dieu, votre volonté ! Je veux ou souffrir beaucoup ou mourir bien vite.

Elle fut confirmée, quelques jours plus tard, par
Monseigneur Bravard, évêque de Coutances. « Je la
vois encore, raconte un témoin oculaire, agenouillée
à l'entrée du chœur avec ses compagnes de la Confirmation. A-t-elle levé les yeux pendant cette longue
cérémonie ? Je n'en sais rien, mais j'atteste que je
l'ai vue, à diverses reprises, toujours plongée dans 'le
plus profond recueillement. Elle était calme, dans
une tranquillité parfaite, lisant doucement dans son
livre de première communion. Sa mise était d'une
simplicité toute religieuse : elle attendait avec foi la
venue du Saint-Esprit. » Le vénéré pontife, que la
maladie avait atteint, l'année précédente, presque à
la même époque, passa dans les rangs des pensionnaires ; notre chère novice, les yeux baissés, reçut
l'onction sacrée qui la rendait parfaite chrétienne. Ce
qui se passa dans son âme pure, les Anges l'ont
écrit au livre de vie : la rougeur de son visage en té-
moignait quelque chose. Elle revint à la Communauté toute pénétrée de la grande action, et elle

passa plusieurs jours en actions de grâce. De grands combats lui étaient réservés sans qu'elle pût encore les soupçonner.

Ecrit-elle à sa mère, c'est pour lui dire sa joie et la paix de son âme. « Je suis dans ma chère petite cellule du noviciat, dont la position, par rapport au bon Dieu, me rappelle notre maison; car j'ai devant les yeux l'Eglise. Penses-tu que mon cœur, chère petite Mère, pour l'avoir donné au bon Dieu, est devenu insensible à votre égard? Au contraire, plus j'aimerai le bon Dieu, plus je vous aimerai en Lui. » — Elle forme des projets, ne prévoyant pas que sa santé lui ménageait une déception cruelle. « Nous sommes dans le cinquième mois, et c'est dans le sixième que l'on reçoit ou que l'on renvoie la postulante. Ne pensons pas au renvoi, mais bien plutôt à la prise d'habit qui nous réunira encore une fois. En attendant ce beau jour, priez pour moi. »

Une épreuve lui fut imposée par la Providence, dont les voies sont admirables : il devint évident, au gré de ses désirs, que Dieu l'appelait à une vie plus parfaite, loin de sa famille et de ses affections les plus chères. Bien téméraire celui qui voudra sonder les conduites de Dieu à l'endroit de cette enfant. A ne juger les événements qu'au point de vue de la sagesse humaine, il faudrait dire que la mauvaise fortune la poursuivait, qu'elle ne devait réussir en rien de ce qu'elle aurait entrepris pour atteindre la perfection : la maladie l'arrêtera au seuil de cette Terre promise qu'elle préfère à toutes les joies du monde;

si rien ne lui réussit aux yeux des hommes, si Jésus l'associe au calice de ses amertumes, la foi s'en console aisément et nous montre qu'elle a réussi, en marchant fidèlement par des sentiers pénibles, mystérieux et salutaires, à gagner promptement sa récompense. Atteindre le repos au prix des sacrifices, n'est-ce pas, chrétiennement parlant, réussir au-delà de toute espérance ?

Quand il fut décidé qu'elle devait quitter ce monastère de Valognes où, quatre années, les plus belles de sa vie, s'étaient écoulées, le cœur lui manqua et elle fut quelque temps avant d'être soulagée par ses larmes. « Quitter Valognes, disait-elle sur un papier tout humide qui en garde les traces visibles, quitter tout ce que j'aime, devenir orpheline de père et de mère, n'est-ce pas le plus grand sacrifice de ma vie ? Quand je me suis vue seule, toute seule comme dans un désert, les larmes ont coulé, mon cœur n'est pas si insensible qu'il veut paraître. » Elle recherche pourquoi Dieu lui envoie cette épreuve ; l'humilité répond aussitôt : « Que de reproches maintenant ! que de remords ! Lassé de mes résistances, Dieu m'aurait-il abandonnée ? » Elle a même des pensées de désespoir : « Pourtant, dit-elle, elles n'étaient pas volontaires ». Elle finit par demander la permission de communier : « J'en ai le plus grand besoin ». Elle communia et l'épreuve fut adoucie par Celui qui a dit : « Venez à moi, vous qui êtes accablés, et je vous soulagerai ». A dix-huit ans, pouvait-elle rencontrer une plus lourde Croix ? Sa santé, déjà ébranlée, lui fermait les portes de la Communauté qu'elle regardait comme son Paradis terrestre.

On fut aussi édifié que surpris de la voir, pendant quinze jours, fidèle aux exercices religieux et à la récitation du saint office, s'acquitter de tous ses devoirs avec la même exactitude et montrer à toutes ses mères et sœurs la même expansion que si rien n'eût été changé dans sa condition de novice et qu'elle eût dû la continuer pendant tout le reste de sa vie : sa résolution inébranlable était d'aller à la Trappe et d'y mourir. En rompant les liens qui l'attachaient à la terre, elle s'écriait : « N'ai-je pas le droit de demander maintenant l'entrée du Ciel ? » Ce fut la grâce qu'elle sollicita constamment depuis son départ : Dieu la lui accordera au gré de ses ardents désirs.

C'était sagesse et prudence cependant que de lui faire, à ce sujet, toutes les observations de nature à provoquer ses réflexions, dût-on la détourner pour quelque temps d'un projet si fermement arrêté dans son esprit. On lui dit, et à plusieurs reprises, tout ce qui devait être dit à une enfant de son âge. Elle avait une réponse à tout et se chargeait elle-même de lever tous les obstacles. En vain nous insistâmes pour qu'elle retournât, quelques semaines au moins, auprès de sa mère ; elle y opposa le refus le plus énergique. Admise à la Trappe de Laval, sauf toutefois le consentement de sa bonne mère, qu'elle se chargeait d'obtenir à ses risques et périls, elle fixa son départ pour le 15 juin. Elle venait, à la fin de mai, de prendre ses dix-huit ans. Le matin, de très-bonne heure, elle

disait adieu à ses Mères de Valognes, leur distribuait
de petits souvenirs, se recommandait à leurs prières
et, les ayant embrassées pour la dernière fois, accompagnée d'une dame de ses amies, elle prenait, le
cœur brisé, le chemin de sa nouvelle communauté.

CHAPITRE QUATORZIÈME

NOTRE CHÈRE MARIA POSTULANTE A LA TRAPPE DE LAVAL.

Le soir du même jour, à l'heure du *Salve Regina,* les deux voyageuses arrivèrent au monastère de Laval. Après une légère réfection dans la salle des hôtes, Maria fut reçue par la mère abbesse qui vint la voir au parloir. « Mon cœur s'était brisé en quittant Notre-Dame de Protection, écrit-elle le lendemain de son arrivée, il s'est réjoui en voyant, au-dessus de la porte de ma nouvelle demeure, ma bonne Mère du ciel qui semblait me sourire et me montrer le ciel. J'avais encore deux ou trois médailles, je vous les envoie : maintenant je n'ai plus rien et je puis dire en toute vérité : *Notre père, qui êtes aux Cieux...* A peine entrée ici, je me sacrifie de nouveau pour toutes les âmes qui me sont chères et le sourire sur les lèvres je suis entrée dans notre chère communauté. Une chose m'a frappée ici : tous les visages sont joyeux. Sous les cloîtres qui sont très-beaux, on ne voit partout que des sentences : ici, le mot « *silence* » écrit en gros caractères ; là-bas, ces mots consolants « *Mon Dieu et mon tout* », si bien faits pour moi. Maintenant regardons le beau ciel et disons : Quelques jours séparées et une éternité réunies... Là-bas plus d'adieux, plus de peines ; tous les mauvais jours seront passés, et ensemble nous jouirons des douceurs et des beautés de l'été qui ne finira plus ! »

On lui parlait alors d'une longue vie religieuse : « Ah ! s'écrie-t-elle aussitôt, ne me parlez pas de vivre jusqu'à cinquante ans : parlez-moi plutôt du beau ciel où j'espère bien aller sitôt après ma profession, à l'âge de saint Louis, mon patron et mon modèle. Que j'ai donc envie d'y être ! Je soupire après la patrie. Vous me demandez où j'en suis pour l'obéissance. Je fais tout ce qu'on me dit. Quant à l'obéissance de volonté, j'avoue que c'est plus difficile : il faudra tenir le pauvre cheval bien bridé ; je ne manque pas de besogne pour devenir une sainte. Priez, je vous en conjure, afin que je devienne un morceau de cire bien molle sous la main de mes supérieures, que je me fasse bien connaître à elles, comme je suis connue de mon Dieu et de vous. Au reste, à la Trappe, nous n'avons plus de langue, que voulez-vous faire ? Notre mieux, c'est d'obéir. »

Il existe des mots qui font peur : la Trappe en est du nombre et tient une des premières places dans ce vocabulaire de terreur populaire, aisée à comprendre, nullement fondée en réalité. On oublie, en effet, que les pratiques austères, puisées dans la charité de Jésus-Christ, sont tempérées par de sages constitutions qui modifient pour les religieuses ce que la faiblesse de la femme ne pourrait porter. La règle de saint Benoît, chef-d'œuvre de sagesse, fait le fond et comme le tissu de la vie du monastère. Certaines observances rigoureuses n'y sont ajoutées qu'avec mesure, tellement qu'elles deviennent, avec la grâce de la vocation, non pas seulement possibles, mais, de plus, aimables : et ce qu'il y a de certain, c'est que tout ce monde muet et pénitent est joyeux au point d'inspirer aux étrangers un étonnement jaloux. La distribution des offices, du travail et des lectures forme l'attrait de cette vie si sérieuse : « Le temps, disent ces âmes d'élite, nous paraît toujours trop court, nos exercices s'enchaînant les uns aux autres ; nous n'avons pas une minute à perdre. Quant aux austérités que l'on croit au-dessus des forces humaines, elles consistent beaucoup plus dans un assujettissement continuel qui ne donne rien à la nature, et auquel certains tempéraments ne peuvent se faire ou en souffrent beaucoup. Nous sommes toujours ensemble, jamais d'isolement. Le silence régnant partout et en tous lieux, on est tout à la fois seule et en communauté. — Aussi la chère postulante ne s'est-elle jamais plainte : « Je suis très-bien, dit-elle, dormant bien, mangeant beaucoup, travaillant de mon mieux. J'avoue pourtant, sur ce dernier point, que je ne suis pas très-habile. J'arrache encore quelquefois les bonnes herbes pour les mauvaises : heureusement qu'il ne s'agit pas du jardin de mon âme : le divin jardinier viendra à mon secours. Si vous saviez quel soin l'on prend de ma santé ! Je suis en de sages et bonnes mains ». — Elle se perd étourdiment dans les dortoirs, elle est reconduite dans sa cellule où elle trouve une paillasse, un traversin et deux couvertures. « Nous ne connaissons pas les draps : j'y ai couché cette nuit pour la première fois, c'est moi qui ai bien dormi ! » — Elle trouve à la communauté une vénérable mère âgée de quatre-vingt-trois ans ayant soixante-sept ans de vie religieuse ; on lui donne, à elle, depuis son arrivée, un soulagement de nourriture, de la viande chaque jour. « Me voyez-vous, dit-elle, faisant la collation à la fourchette ? Vraiment on est aux petits soins pour moi. »

On a dit que ceux-là seulement vont frapper à la porte des monastères les plus fervents et les plus rigoureux qui ont commis des fautes extraordinaires ou qui veulent dans la solitude consoler quelque tristesse prématurée. Notre chère enfant n'est-elle pas une preuve qu'ils se trompent, ceux qui ont ainsi jugé le cloître, sans l'avoir suffisamment connu ? Préservée providentiellement des corruptions et des vices, ayant toujours gardé son cœur dans l'innocence, elle aspirait à la perfection la plus haute, se défiant de son ardeur et voulant à tout prix gagner le ciel. Victime volontaire pour les péchés d'autrui, elle voulait que son sacrifice fût complet. Brisant généreusement avec les plus saintes joies de la famille, elle ne se croyait agréable aux yeux de Dieu qu'autant qu'elle lui appartiendrait sans partage et sans réserve. « Pendant le voyage, dit-elle, il me semblait que mon Dieu retranchait tout l'humain de mes affections. Je n'ai plus rien, s'écrie-t-elle avec bonheur : Dieu seul et sa croix toute nue ! » Quand une enfant de dix-huit ans est capable de tels sacrifices, ne peut-on pas dire qu'elle a sa place marquée au ciel ? L'excellente pensionnaire montait au calvaire dépouillée de tout ; son cœur saignait des gouttes bien cruelles, mais Jésus lui restait : sa croix devenait pour un an encore le partage de son exil ; bientôt cette croix, vaillamment acceptée, allait se changer en une félicité sans fin. « Jusqu'ici, lui écrivait une mère toute dévouée, Dieu vous traitait avec tendresse et vous l'aimiez dans le sucre et sur les genoux de la sainte Vierge : maintenant il faudra l'aimer dans les douleurs du Calvaire et avec Marie debout au pied de la croix. » Ces fortes vérités n'étaient pas au-dessus de son courage.

« Qu'on est donc bien à la Trappe ! écrit-elle à sa tante de Valognes. La règle est austère, il est vrai, mais le cœur est heureux. On porte avec une plus grande confiance les yeux au ciel ; on peut dire hardiment ces paroles : Dieu est mon partage pour le temps et pour l'éternité. Je m'étudie sans cesse à l'abandonnement de tout mon être aux volontés divines, ne me préoccupant nullement de ce que le bon Dieu me réserve : pauvre petite goutte d'eau, je me jette tous les jours dans l'immense océan de l'amour de mon Dieu, en lui disant comme madame Elisabeth de France : Que m'arrivera-t-il aujourd'hui ? je n'en sais rien. Mais ce que je sais, c'est qu'il ne m'arrivera rien que vous n'ayez ordonné. Je ne m'occupe que de corriger mes défauts, prier pour ceux que j'aime, aimer le bon Dieu. Pour tout le reste, je me contente de dire à tous les *Gloria* et dans le courant de la journée : *Que votre volonté soit faite, ô mon Dieu !* De cette manière je suis heureuse autant qu'il est permis de l'être loin de la patrie ».

« Votre petite Maria, dit-elle dans une autre lettre, est on ne peut mieux avec toutes ses bonnes Mères et Sœurs ; sa mère Abbesse la soigne comme pourrait le faire sa maman. Quant au bon Dieu, je crois qu'il est content d'elle : que lui faut-il de plus ?

La Révérende Mère abbesse se plaisait à lui rendre ce précieux témoignage : « C'est avec bonheur que je viens m'entretenir de notre chère et bienaimée enfant que l'on peut appeler privilégiée entre plusieurs. Qui donc lui a révélé à son âge que la vie de sacrifice était préférable aux satisfactions religieuses et légitimes qu'elle pouvait avoir dans sa chère communauté et auprès de sa bonne tante qu'elle aime tant et qu'elle vénère ? Son cœur aimant déborde de reconnaissance pour tous les soins qui lui ont été prodigués : elle ne sait comment l'exprimer, ni en quels termes : ses yeux sont pleins de larmes au souvenir de l'affection générale qui l'entourait. Et cependant elle ne cesse de se trouver heureuse, très-heureuse au milieu de nous qui ne pouvons lui témoigner que de loin l'intérêt que nous lui portons.

« Il est vrai qu'à sa réception la communauté a été heureuse de voir une jeune personne si candide et si aimable se cacher si promptement dans la re-

9

traite et la solitude et oublier tous les dons naturels que le bon Dieu lui a donnés : chaque religieuse s'est fait un bonheur de le lui témoigner ; mais depuis un mois la première impression est passée et notre chère enfant demeure toujours la même. Elle s'est mise de suite à tout ce qui est usage et coutume. Je crois que le dominant de sa vertu sera l'obéissance, précieux germe de haute sainteté. Sans rien affirmer pour l'avenir, il me semble que notre chère enfant sera une de ces âmes que notre divin Maître a choisies pour en faire le lieu de son repos. Le temps nous le dira, mais je serais bien trompée si elle ne devenait pas un jour une excellente religieuse, telle que le Seigneur lui-même sait les former dans le secret de son cœur. »

CHAPITRE QUINZIÈME

— —

PRISE D'HABIT. SŒUR MARIE-URSULE SAINT LOUIS DE
GONZAGUE

Sa réception au saint habit a pour date le 8 septembre. « La Sainte Vierge a pris jusqu'ici plaisir, dit-elle, à m'accorder ses faveurs dans son beau mois ou dans les jours consacrés à honorer sa sainte mémoire. Hier, beau jour de la naissance de ma Mère, j'ai eu le bonheur d'être admise à revêtir le saint habit de la Religion. Je ne pouvais le croire, tant mon bonheur était grand, et ce matin encore, en m'éveillant, je me demandais si je n'avais pas rêvé. Mais non, c'est bien vrai; bientôt je quitterai les habits du monde, et il me semble qu'en les abandonnant, je me dépouillerai davantage de son esprit, si différent de celui du cloître. Quel bonheur! comme je m'humilie à cette pensée, moi si indigne! Je me confonds dans mon néant et je m'étonne justement que notre chère Communauté veuille bien avoir la charité de me recevoir dans son sein. Il me reste à préparer le sacrifice. Je voudrais faire à notre divin Maître une plus digne offrande; mais, puisque je me donne moi-même, pourrais-je faire plus? Cependant je vais employer le temps qui me reste jusqu'au 29 septembre le mieux possible, voulant amoindrir les défauts de la victime, et cette pensée, de donner à mon Jésus quelque chose de moins misérable, me stimule vivement à me mettre à l'œuvre avec plus de vigueur. Hélas! de ces bons désirs à une véritable vie religieuse, qu'il y a donc loin! Mais Dieu est patient, et je suis résolue à ne lui rien refuser. » — On lui écrit de Valognes : « Disposez-vous, chère enfant, à vous dépouiller de vous-même, et ne changez point seulement de vêtement extérieur. Comme Dieu vous a dépouillée le premier de tous les biens de la nature, ainsi maintenant devez-vous retrancher chaque jour de la nature, pour offrir, au jour de la profession, une victime immolée. Pour cela, fidélité aux saintes observances; vous ne trouverez de véritable joie que dans une parfaite régularité. » — Et Maria répondait : « Ma bien bonne Mère, combien je vous remercie de vos bons conseils! Priez pour que je les fasse passer dans ma conduite. »

A sa famille elle mande, quelques jours après, la bonne nouvelle : « Vous devinez, dit-elle, tout mon bonheur. Je dis adieu pourtant à des âmes bien chères, c'est vrai; mais, en m'éloignant de mes bons parents et de tous mes amis de la terre, je regarde le Ciel, et, à sa vue, la joie inonde mon âme : car là, un jour, j'espère les revoir sans les quitter jamais. » Et elle ajoute dans ses notes intimes : « En me faisant religieuse, mon Dieu, je ne vous fais pas le sacrifice de ma fortune, de ma beauté, de mes talents, puisque je n'ai rien de tout cela; mais le sacrifice que je vous fais est celui de mon cœur. Je me donne à vous comme victime : faites-moi souffrir tout ce qu'auraient souffert ma mère, mes frères, ma tante, toutes les âmes qui me sont chères. Oui, surtout pour ma mère, qu'il m'en coûte tant d'avoir abandonnée : frappez-moi à sa place; que je manque de tout et qu'elle ne manque de rien. Prenez mon cœur et ne la faites point souffrir. Je regarderai le Ciel et je me dirai : Oh! quand mon âme prendra-t-elle son essor!... »

Elle entre en retraite le cœur joyeux, écrivant à ses bonnes Mères de Valognes pour se recommander à leurs prières. Une tentation déjà ancienne la tourmentait, tentation d'autant plus à craindre qu'elle avait une apparence de désintéressement grand et généreux : elle eût voulu, pour un motif de l'ordre le plus élevé, avec un désintéressement parfait d'elle-même, qu'on l'admît au rang des sœurs converses. Ce projet, qu'elle caressa longtemps, et qui, toujours combattu, revenait toujours, fit son tourment pendant la retraite. Elle en triompha cependant à cette époque : « La tempête, nous mandait-on de Laval, s'est entièrement dissipée : notre chère enfant s'est remise entre les mains de notre bonne Révérende Mère... Elle aura beaucoup à lutter, je pense; mais, comme elle est généreuse et a de la piété, nous espérons qu'elle arrivera à son but et qu'elle fera un jour une bonne religieuse. »

« A trois heures et demie, je suis entrée en retraite. Alors, j'ai dit adieu à toute pensée étrangère, voulant, jusqu'à la prise d'habit, ne plus penser qu'à Dieu et aux moyens à prendre pour devenir, non pas seulement une bonne, mais une sainte novice. Oui, mon Dieu, *une sainte*, prête à accepter tout ce que vous voudrez bien lui envoyer. Je ne refuse rien, souffrance de corps, de cœur et d'esprit : souffrir. — Autrefois, étant pensionnaire, prosternée le visage contre terre devant la sainte Eucharistie, j'aimais à dire et à redire bien des fois à mon Jésus : Ou souffrir, ou mourir. Mon Dieu, je suis votre petite victime ne m'épargnez pas : j'accepte tout ce que vous voudrez bien m'envoyer. Et je le veux uniquement pour vous plaire et pour vous ressembler. Je renonce à tout sentiment de piété sensible : je veux, pour vous plaire, souffrir et prier sans aucune consolation. *Fiat* à tout, pour tout et en tout. Si telles étaient mes pensées n'étant que pensionnaire, que dois-je être maintenant que je deviens votre fiancée, votre enfant de prédilection? Ah! mon Dieu, on dirait que plus vous me comblez de bienfaits, plus vous me donnez de marques de votre amour, moi je deviens plus ingrate et plus indifférente. Mon amour pour vous, loin d'augmenter, s'affaiblit. De cette fois, du moins, que je me convertisse! Que je sois désormais, chaque matin, l'amante de votre Sacrement, la victime de votre Sacré-Cœur. »

Puis, la fervente postulante fait le sacrifice de toutes ses affections; elle énumère tous ceux qui lui

sont chers, sans oublier « *sa chère Congrégation* »,
aimant à se séparer de tout pour suivre son Dieu,
qui l'appelle à la perfection du renoncement. Ce fut
dans de telles dispositions qu'elle se prépara à la
belle fête de la prise d'habit.

La cérémonie se fit le 29, jour de saint Michel, son
patron, « avec une grande joie et des promesses bien
formelles de dire ses tentations et surtout d'obéir ».
On la tenait de court sur ce chapitre; on ne lui passait rien : « Il y a de l'étoffe dans cette âme-là,
écrivait-on, mais, par moments, elle a besoin d'une
forte main pour la contenir, quoique cependant nous
n'ayons aucun reproche à lui faire sur sa docilité. »
Elle souffrait dans la lutte, mais le bon Maître était
là pour la soutenir. « Enfin je l'ai, s'écrie-t-elle toute
joyeuse, ce saint habit, et la petite novice se hâte de
vous écrire. Il est un peu lourd, mais je l'aime beaucoup; maintenant le sacrifice est fait, la victime est
immolée. Quel bonheur! C'est de tout mon cœur
que je me suis sacrifiée; je veux être à mon Dieu
pour toujours. J'ai tout quitté et j'ai tout trouvé :
mon partage à moi, dans cette vie, c'est le Calvaire,
la croix de mon Dieu. Oui, la croix, je l'ai demandée
à Jésus; je soupire après une vie cachée, anéantie,
pleine d'humiliations. Ces dernières ne manquent
pas à la Trappe, et si mon orgueil (car je suis bien
orgueilleuse, vous le savez), si mon orgueil ne meurt
pas tout à fait ici, du moins il sera bien malade. Je
vous entends dire : *Tant mieux.* — Et moi aussi je
le dis : oui, tant mieux, que le bon Dieu soit béni !

» Notre petite fête a été, comme d'ordinaire, très-simple, mais bien touchante. Voici ce qui se passe : Après l'Evangile, la postulante va se prosterner devant le Révérend Père, qui, la crosse à la main, est debout à la grille. Puis le dialogue s'engage : « Que demandez-vous ? — La miséricorde de Dieu et la vôtre. — Levez-vous, au nom du Seigneur. » — On se lève et on s'assied pour le sermon. L'instruction achevée, nouveau dialogue : « Promettez-vous de garder fidèlement la sainte règle, règlements et constitutions de ce Monastère ? — Oui, mon Révérend Père. — Dieu vous en fasse la grâce. » — Ensuite, la postulante, conduite par la Mère maîtresse, demande à la Révérende Mère de vouloir bien la revêtir du saint habit.

» Je ne saurais vous dire ce que j'ai éprouvé en quittant les habits du monde pour recevoir ceux de la sainte Religion. Le beau moment est celui de la sainte communion : je me suis consacrée entièrement à mon divin Epoux. — Dans la peine ou dans la joie, dans la santé ou dans la souffrance, je suis à Jésus et ne veux être qu'à Lui. » — « Je suis heureuse, oui, bien heureuse dans ce sanctuaire béni, où l'on n'entend que des actions de grâces, des cantiques de joie et de salut. L'unique plainte qui pourrait me venir, ce serait de n'avoir pas trouvé la Trappe à la Trappe, et d'être sans pénitence au milieu de ses austérités. Mais, patience, cela viendra : *le bon Dieu m'aime trop pour me laisser sans souffrir.* » — Depuis le 15 août jusqu'au 8 septembre, elle n'avait fait que dire au bon Dieu : « Que votre volonté soit faite! Si vous me voulez trappistine, que je sois reçue, sinon qu'on me renvoie! Je crois que je suis là où le bon Dieu me veut. »

Elle raconte, un peu plus loin, le désarroi de sa toilette au réveil des matines : « Scapulaire tourné, voile parti, bandeau je ne sais où, poches sous le lit, tout en désordre; mais, maintenant, j'y suis si bien faite que je me demande si jamais j'ai quitté nos habits. *Monsieur mon corps* est d'une complaisance parfaite; il se fait très-bien à tout, aux travaux comme aux habits. Il ne me reste plus qu'à devenir *une sainte à douze leçons.* »

Elle eut de grands combats dans le courant de l'hiver. La pauvre enfant, victime de sa générosité, s'imaginait qu'elle devait atteindre le plus parfait, sans savoir que le mieux est souvent l'ennemi du bien. La candeur de ses aveux est vraiment digne de remarque : « Je suis entêtée, dit-elle; eh bien! je le serai pour suivre en tout la volonté de mes supérieurs. » — Il y avait en elle l'arrière-pensée de sœur converse et un mirage de perfection rigoureuse qui ne convenait ni à son âge ni à son tempérament. En vain affirmait-elle « que son tempérament était à l'épreuve des maladies », la pauvre enfant se trompait, et bientôt Dieu lui donnera le démenti le plus cruel. Elle s'attira, dans ce temps, les reproches les plus humiliants : mais « qu'ils soient doux ou qu'ils soient sévères, disait-elle elle-même, que m'importe ? je les suivrai comme une enfant. »

« Je n'ai qu'une vie, disait-elle; je voudrais la sacrifier dans la règle la plus sévère. — Ce qui vous trompe, lui fut-il répondu, c'est l'apparence d'une vie plus austère. » — A dix-huit ans, pouvait-elle savoir qu'il est possible de rendre douces les plus sévères constitutions et très-austères les plus douces règles monastiques? La règle, quelle qu'elle soit, n'est qu'une lettre morte que les relâchées rendent toujours commode à la nature, et que les ferventes savent rendre très-pénible et crucifiante. Dans toutes les Communautés, il y a autant de règles qu'il y a de natures variées et d'interprétations personnelles. « Vous voulez, lui ajoutait son Directeur, vous voulez des croix et des austérités! Patience : on vous en donnera sans en chercher ailleurs. » En somme, la pauvre enfant écoutait son cœur trop impétueux, qui la trahissait sans qu'elle pût s'en rendre compte. Dieu allait bientôt dénouer cette trame et la rendre à sa famille, pour qu'elle l'édifiât par une sainte mort. On lui permet, vers cette époque, de continuer le petit journal de ses pensées.

JOURNAL 1876

A Jésus pour toujours

22 Mars. — « Je me suis levée au premier son de la cloche, comme d'ordinaire. J'ai eu mal à la gorge pendant tout le saint office : le bon Dieu aura eu égard, je l'espère, à ma bonne volonté. Pendant la sainte messe, j'ai bien promis au bon Dieu de faire tout ce que je pourrai pour lui plaire, et surtout de l'aimer de tout mon cœur, pour tant d'autres qui ne l'aiment qu'à moitié ou même, hélas! pas du tout. Est-ce possible, mon bon Jésus, vous si bon, si bon qu'on ne trouve pas d'expression pour le dire! — Confession : je m'y suis préparée de mon mieux; je le crois, du moins. Le Père m'a bien recommandé de méditer la sainte Passion de Notre Seigneur, et il faut, m'a-t-il dit, qu'à mesure que le carême s'avance, vous avanciez aussi dans l'amour de Jésus crucifié... Tout ce que le bon Père m'a dit m'a fait grand bien : à moi maintenant d'en profiter, à moi de l'exprimer dans toute ma conduite. Je souffre toujours un peu, mais ce n'est rien. Au travail! Jésus en a souffert bien d'autres. »

Elle est consolée de pouvoir reprendre le cours de ses confidences journalières : « Si l'obéissance est dure quelquefois, aujourd'hui, dit-elle, aujourd'hui elle m'est bien douce. » La veille, jour de saint Benoît, cette permission lui a été donnée. C'est à Jésus qu'elle parle, à Lui qu'elle se confie, pour Lui qu'elle décharge le trop plein de son âme. « Il est dur, avoue-t-elle, d'être privée de consolations sensibles: mais, ô Jésus, votre cœur me suffit. » Aimante comme elle l'était, ardente et à peine âgée de dix-neuf ans, ces privations du cœur lui étaient pénibles : « J'ai besoin d'un cœur, ô Jésus! le vôtre doit me suffire. Faites cependant qu'un ange visible me conduise à vous! »

23 Mars. — Je souffre, mon pauvre cœur agonise.

Toute la journée, j'ai eu tant et tant de peines! Je suis à moi-même un sujet d'horreur : que je souffre, mon Dieu! Tentations et combats. J'ai fait le chemin de la Croix. Je me croyais seule sur la terre, à dix-huit ans. Pardon, mon Dieu, c'est ma mauvaise nature qui parlait ainsi, c'est le diable qui me donnait ces mauvaises pensées. Suis-je seule quand je vous ai, ô Jésus, à quelques pas de moi, quand je suis dans votre sainte Maison, quand j'ai le bonheur de vous posséder au dedans de moi? Et Marie, ma Mère, saint Benoît, saint Bernard, saint Louis de Gonzague : oh! quelle belle compagnie! C'est vous, mon Dieu, et vous seul que je suis venue chercher. — Ma gorge me fait bien souffrir; j'ai versé quelques larmes : j'avais le cœur si gros. Encore une journée passée : courage, ô ma pauvre âme, les autres passeront de même, et bientôt nous verrons le beau jour de l'éternité.

24 Mars. — Pensées décourageantes. J'ai dit, tout en riant, à notre Mère maîtresse que le diable ne me quittait pas un seul instant. Je lui ai demandé pardon. — Elle raconte ses combats et termine ainsi : « *Fiat* à tout, pour tout, en tout! L'éternité, quand? »

25 Mars. Annonciation. — Je vous salue, ma bonne et tendre Mère, mon soutien, mon tout après Jésus. C'est aujourd'hui l'Annonciation : quelle belle fête pour une Enfant de Marie! J'ai reçu mon bon Jésus. Ah! cœur ingrat de la méchante sœur Ursule, vous êtes bien difficile! Vous possédez le Maître

souverain qui peut tout, qui conduit tout, et vous
n'êtes pas content. Vous voudriez avoir, quoi? Parlez:
voyons un peu. Vous n'osez pas? Je vais vous le dire.
Vous voudriez un sourire, une bonne parole d'une
créature. Pauvre fou! avoir tout et courir après des
riens! posséder la réalité et courir après l'ombre et
la figure! Rougissez donc une bonne fois de votre indigne conduite et prenez, mais tout de bon, la résolution de n'user de la créature, si bonne, si parfaite
qu'elle soit, que pour Dieu et uniquement pour Lui
seul. — Elle continue à gourmander son pauvre
cœur agonisant, lui montrant Jésus au Jardin et au
Calvaire : « Ah! pauvre cœur, dit-elle en finissant
sa petite méditation toute remplie de vaillance,
voyez votre Dieu innocent si maltraité, et vous qui
êtes si grand pécheur! Courage. Je souffre, mais c'est
avec vous, ô mon Jésus : Courage! » Ainsi la chère
enfant trouve le bonheur dans la souffrance; le mot
final revient sans cesse : souffrir pour aller à Dieu
dans son beau Ciel.

Dieu ne la ménageait pas, cependant : elle a porté
une lourde croix. « Je souffre dans mon cœur, dans
mon esprit, dans tout mon être; mais la souffrance
devient douce en regardant le Ciel. Puis, le divin
Prisonnier se montre si bon pour la Trappistine
souffrante. Quelquefois, triste, me voyant pour ainsi
dire seule sur ce grand monde, abandonnée, décou-
ragée, je m'en vais à l'église; et là, à la lueur de
la lampe, puisque notre *vilaine grille* nous cache le
tabernacle, je dis ma prière au bon Dieu, à ma

bonne Mère, à tous *mes saints*, enfin, et je m'en retourne, sinon tout à fait consolée, du moins résignée et abandonnée entre les bras de mon Dieu, avec autant de confiance que le petit enfant endormi sur le sein de sa mère. — Pour la volonté, je l'ai donnée toute entière à Jésus : je ne veux plus du tout, du tout la lui reprendre. Qu'il fasse de moi ce qu'il voudra : je ne m'occupe de rien, sinon de l'aimer de tout mon cœur, de le servir de toutes mes forces et d'obéir de tout mon pouvoir..... » Au jour de l'an, elle demande « la grâce de mourir le plus tôt possible. » Dix mois la séparaient du tombeau! C'est pourquoi Jésus se hâtait de lui faire boire le calice jusqu'à la lie : notre chère enfant aspirait de plus en plus au bonheur de son éternité.

On lui parlait, un jour, du bonheur qu'il y aurait à l'assister au jour de sa profession : « Oh! dit-elle, mon bonheur serait bien grand; mais, d'ici quatre ans, serai-je encore ici-bas? Je ne le crois pas. » Chaque mort de religieuse qu'elle apprend lui fait pousser un cri de joie : « Elle est morte, dit-elle, oh! comme elle va prier pour nous! et comme je vais prier pour elle! Quand sera-ce notre tour d'aller à Jésus et d'en jouir face à face? »

CHAPITRE SEIZIÈME

LA MALADIE. RETOUR A GRANVILLE

Le 1ᵉʳ Mai 1876, elle dresse un cahier spécial où la matière principale de son examen sera l'obéissance. « Je suis l'enfant de Marie ! c'est le cri de mon cœur. Oh ! quel bonheur ! quelle joie ! oh ! quel trésor et quelle richesse ! » — Parmi les pieuses pratiques qu'elle s'impose, citons les deux suivantes : « Dire un *Ave Maria* en passant devant toutes les statues qui seront sur ma route; faire toutes mes actions en union avec ma bonne Mère et lui offrir chaque jour un bouquet d'enfant. Courage, ô ma pauvre âme, ce jour est passé, les autres passeront de même, et bientôt, bientôt, le beau jour de l'Éternité. » On dirait qu'elle avait, plus que jamais, un pressentiment de sa fin prochaine : Bientôt, en effet, Dieu allait cueillir ce fruit mûr pour le Ciel.

Certes, il faut le proclamer hautement et venger la vérité, qui a contre elle toutes les apparences. Etait-ce le régime de la Trappe en soi qui lui avait attiré cette indisposition? On l'a cru, on le croit encore, et il n'en est rien. Jamais novice ne fut traitée avec plus de sollicitude par la meilleure des Mères. Mais, à dire le vrai, le mal venait d'une toute autre cause.

Trop avide de mortifications, la pauvre enfant avait fait des imprudences pendant l'hiver, ne voulant pas se garantir du froid intense et prolongé auquel sa poitrine n'était pas accoutumée. Le sang s'amassait à la gorge, la voix se trouvait altérée, les humeurs préparaient à la longue cette « *rivière* » dont elle se plaignait dans les semaines qui précédèrent sa mort, et qui semblait « *lui couler dans le dos* ». Pauvre Maria ! ainsi éprouvée, malgré un régime fortifiant, qu'elle suivit constamment par ordre de sa Supérieure, elle l'était encore davantage par les tourments de son âme inquiète qui ne voyait dans l'avenir que le Ciel en perspective. Son esprit et son cœur se débattaient entre mille pensées et mille désirs que l'on s'explique à soi-même sans beaucoup de discours. Du moins, elle souffrit sans faire souffrir, et resta « bonne et aimable de caractère jusqu'à la fin ».

On fit tout ce qui était humainement commandé par la sagesse et la prudence pour détruire le germe du mal inconnu qui la conduisait au tombeau. Malgré tout, sa santé devenait mauvaise. « Je souffre, disait-elle : — mais que m'importe la conservation ou la destruction de ce corps qui sera, dans quelques jours, la pâture des vers ? La souffrance du corps n'est pas la plus grande Croix ; on ne vient en religion que pour souffrir. Hélas ! il me faudra quitter, pour raison de santé, le désert si délicieux, malgré ses peines et ses épines, de la Trappe, où j'espérais mourir ! mon cœur y était grandement attaché ; mais véritablement, devant le bon Dieu, après y avoir bien ré-

fléchi, je crois qu'il est sage de ne pas rester plus
longtemps. Il y a quinze jours, je n'aurais pas pu
certainement soutenir le voyage ; mais depuis deux ou
trois jours *le cœur me revient*. C'est en tremblant
que j'écris ce mot de *départ*, car j'ai si peur de ne
pas faire la sainte volonté du bon Dieu ! Il voit le
fond de mon cœur et c'est ce qui me rassure. Votre
pauvre Maria en a le cœur percé ! Et pourquoi a-t-
elle voulu tant chanter ? »

Forcée d'avouer son mal, la pauvre postulante le
fait en termes tout à fait touchants : « Je vous disais,
dans ma dernière, écrivait-elle un mois avant son
départ de la Trappe, que, pour le jour de la Résur-
rection, je serais une sainte : il n'en est rien, je suis
toujours la pauvre et imparfaite Marie-Ursule. Ce
n'est donc pas de mon progrès dans la vertu que j'ai
à vous entretenir, mais de la misérable enveloppe de
terre qui me recouvre, de mon corps. En avançant
vers la tombe, sa dernière demeure, il devient mé-
chant, malgré les soins qu'on lui prodigue. D'abord
le cœur, quelquefois je n'en ai plus *du tout, du tout,*
et puis, quand il revient, *il danse* comme si ce pauvre
malheureux voulait s'en retourner. Pour la poitrine,
elle est bonne, je crois ; mais je ne sais pourquoi, il
me semble, surtout quand le cœur est mort, que je
suis *dans l'eau jusqu'au cou*. Avec cela, depuis environ deux mois, j'ai mal à la gorge ; à peine puis-je
monter l'octave, et encore on dirait à m'entendre que
je suis une bonne vieille de 70 ans au moins. Il est
singulier, ce mal, depuis les épaules jusqu'aux

10

oreilles ; parfois, c'est comme si on me tirait tout ce
que j'ai dans les os. Dans cette gorge, on dirait qu'il
y a quelque chose qui veut m'étouffer. Quelquefois,
la tête souffre aussi un peu, et enfin quelques petites
douleurs par ci par là, *voilà tout*. En vérité, vous
allez vous moquer de sœur Ursule, en l'entendant
vous faire si sérieusement la description de deux ou
trois *petites misères*. Je le mérite bien, et vous aurez
bien droit de le faire ; mais pardon, je me trompe, je
mérite plus encore : grondez-moi donc bien fort, bien
fort, d'être, après onze mois de vie Trappistine, encore si délicate pour ce corps de péché qui devrait
être traité si durement. Que je suis éloignée de la
vertu de ces ferventes Trappistines qui reçoivent les
plus cruelles souffrances dans les transports de la
plus grande et de la plus vive joie ! Pourtant ces
âmes sont pures et innocentes devant Dieu, et moi,
hélas ! vous me connaissez bien !...

« Voilà où j'en suis pour le pauvre corps. Si le bon
Dieu veut que je devienne une sainte sur un lit de
souffrances, que cela me plaise ou me déplaise, je dois
nécessairement m'y soumettre. Si je dois monter au
Calvaire, je ne saurais plaire à mon Dieu en prenant
la route du Thabor. Il me faudra donc porter la
croix, faire pénitence, renoncer à moi-même pour
suivre Jésus-Christ. Telles sont, du moins je le crois,
mes obligations, soit que je reste ou que j'aille frapper
à la porte de la Communauté la moins austère. Il
me semble que le mieux pour l'âme de Marie-Ursule
serait de s'abandonner entièrement, complétement,

tout à fait entre les bras de son Dieu, de poursuivre
sa route jusqu'au jour où elle n'en pourra plus. Si le
bon Dieu permet que, quand elle n'aura plus de
santé, on lui ouvre la porte, *Fiat!* Le bon Dieu me
devra secours et assistance : jusque là je lui aurai
donné, le temps sera venu de me payer. Avec un
banquier tel que Dieu, on ne peut faire banqueroute.
Un seul mot de Lui me ferait partir pour la Chine ou
le Japon. Si je dois rester dans ce désert si bon, si
suave, si délicieux malgré ses épines, oh! tant mieux!
J'ai vu le docteur pour le mal de gorge, il a dit que
ce n'était que la faiblesse. Aussi, à cause de ce mé-
chant mal de gorge, je suis à l'infirmerie, c'est-à-
dire au petit réfectoire... Je crois avoir tout dit...
Que la volonté de Dieu se fasse!... »

Tout bien pesé de part et d'autre, à Valognes
comme à Laval on n'hésita pas à prendre une décision qui allait rendre Maria (pour un temps, pensait-
elle) à sa famille. Elle écrivit à sa mère à la date du
24 Mai : « Le bon Dieu me voulait à la Trappe, mais
aujourd'hui il permet que j'en sorte ». C'était le jour
même où elle prenait ses dix-neuf ans! Dieu permet
souvent ces sortes de déceptions qui déconcertent les
prévisions de la sagesse humaine. Les vues de la Providence contrarient nos vues; on dirait qu'il se plaît
à conduire les âmes d'élite par des sentiers inconnus.
Rarement on aura désiré aussi vivement que cette
jeune fille et avec une pareille constance la vie rigoureuse de la Trappe : quand elle se crut au port du
salut, une tempête l'assaillit, l'éloigna pour jamais

du monastère et la rejeta dans le monde, où elle allait languir quelques mois, dans le monde qu'elle n'aimait pas, mais qu'elle édifiera prochainement par une mort digne de sa belle vie. Elle avait voulu souffrir ; cette dernière croix *des espérances déçues* devait être incomparablement la plus douloureuse.

« Quand je reçus la nouvelle de sa maladie, écrit Mme Le Chaplain, je partis précipitamment pour Laval. Je craignais la mort et j'avais le cœur bien gros en frappant à la porte de la Communauté. Hélas ! je ne me trompais que de quelques mois ! » Le cœur serré, Maria ne put prendre de nourriture ; elle quittait la Trappe la mort dans l'âme. Après avoir longtemps veillé, pleuré, écrit le trop plein de ses douleurs, elle se jeta, toute habillée, dans un coin de la chambre, pour y passer, sans sommeil, le reste de la nuit. Le lendemain, de grand matin, elle parlait pour la dernière fois à la Révérende Mère, qui la convia malaisément à faire son plus grand sacrifice. Le soir, à dix heures, elle était de retour à Granville. « Pendant la route, dit sa mère, nous n'avions pas échangé un mot, de dix heures du matin à dix heures du soir : oh ! vous le savez, mon Dieu, ce que j'ai souffert dans cette longue journée ! »

« Elle parut préoccupée, continue Mme Le Chaplain, de ce qu'on pouvait dire à son sujet. Voulant la mettre tout à fait à son aise, je lui dis : La chose n'est nullement embarrassante. Tu es revenue pour ta santé, il faut nous occuper de te rétablir, et puis après nous verrons. En fait d'habits, elle n'avait plus

rien, et elle trouvait en avoir assez. « Pourvu, disait-elle, que je puisse aller à l'Eglise voir mon Jésus,
il me suffit d'être convenable : pour le monde, il ne
m'est rien, j'ai pour lui tout ce qu'il me faut. » Malgré
tout, nous lui fîmes un premier costume, sous lequel
elle ne se plaisait guère; mais, me disait-elle, c'est
toi qui le veux : ô mon Jésus, rappelez-moi bien vite
à vous.

« Elle était des jours, des semaines, soucieuse,
même pas gentille, toute renfermée en elle-même,
toujours les yeux baissés et n'ouvrant la bouche que
rarement. » En d'autres termes, elle était brisée par
une épreuve inattendue. Jamais âme d'enfant n'avait
plus soupiré vers la vie religieuse; à dix-neuf ans,
elle se trouvait rejetée dans le monde et obligée d'y
vivre au moins jusqu'à l'époque de sa majorité. L'ac-
cablement se traduisait par le silence, l'éloquence des
grandes douleurs.

« J'en étais, ajoute Madame sa mère, à regretter
que le bon Dieu eût permis son retour : puis, éloignant bien vite *cette mauvaise pensée,* je m'estimais
trop heureuse de la revoir. Plusieurs fois elle me
demanda si je la reverrais partir de bon gré. Je le
lui promis, mais il lui fallait d'abord se rétablir. Sa
gorge était enflée, les nerfs tendus : sa mine ne semblait pas mauvaise; en la voyant pourtant parfois les
traits décomposés, j'en concluais que de longtemps
elle ne pourrait être reçue en communauté. Au reste,
pour la mettre à son aise et lui soulager le cœur
qu'elle avait si serré, j'ajoutai qu'elle pouvait faire à

la maison ce qu'elle voudrait, y vivre retirée, se livrer à ses exercices de piété, et que je serais toujours prête à seconder ses moindres désirs. Elle fut heureuse de cette ouverture et promit, de son côté, de faire tout ce que le médecin trouverait utile pour hâter sa guérison. » Les remèdes, malheureusement, ne produisaient aucun effet sensible. La pauvre mère la voyait dépérir, et pourtant qu'elle était loin de croire à un dénouement si prochain !

CHAPITRE DIX-SEPTIÈME

COMMENT ELLE LANGUIT DANS LE MONDE ET Y ÉDIFIE
SES CONNAISSANCES.

Quand elle revint ici au mois de mai, écrit une
amie d'enfance, j'allai la voir dès le premier jour;
elle avait bonne mine et nullement l'air souffrant. Je
la plaisantai même. Le lendemain je fis une longue
promenade avec elle. Elle me raconta la vie de la
Trappe et, en terminant, me dit : « qu'elle n'avait
jamais désiré aller ailleurs; que la vie y est dure, c'est
vrai; mais que néanmoins elle sentait qu'elle n'aurait
pu être heureuse sans un détachement aussi complet
de sa famille. » — Elle ne m'en a jamais rien dit :
mais je crois qu'en secret, depuis son retour, elle
s'unissait toujours de cœur à ses anciens exercices :
« Oh! ma bonne cousine, me disait-elle dans sa maladie, tu diras à toutes ces Dames que je pense toujours bien à elles : tu écriras à la bonne révérende
Mère que je l'aime toujours et que je suis toujours
près d'elle par mes souvenirs. »

« Chaque matin elle allait à la messe de six heures,
et sa mère nous a quelquefois dit en plaisantant
« qu'elle allait faire sa méditation jusque dans la cave ».

Maria n'aimait ni le jeu ni la promenade, mais elle s'y prêtait. Je l'ai vue parfois, pour faire plaisir à son frère aîné, se passer, après avoir fait la sainte communion le matin, de grand'messe, de vêpres et même de tous offices du soir (Dieu sait pourtant si elle y tenait), et cela sans esprit de gêne et de contrainte. Il est vrai qu'elle en était d'autant plus louable que son frère, n'ayant que fort peu de temps à rester à terre, tenait à passer tout le dimanche en la compagnie de sa sœur. Trop peu de jeunes personnes et de femmes savent ainsi comprendre et concilier ce qu'elles doivent à Dieu et à leurs familles. Combien l'esprit de piété serait plus aimé, la religion plus respectée, les liens sociaux et de famille plus forts, si chacune de nous comprenait ainsi ses devoirs !

« Sa piété envers le Saint-Sacrement exposé me semblait vive, et je vous avoue que dans plusieurs circonstances, notamment chaque dimanche, au salut des Pères Eudistes, où nos places étaient l'une près de l'autre, sa piété m'a singulièrement édifiée. Elle restait toujours fort longtemps à genoux, et ce, malgré deux grosseurs qui lui étaient venues aux genoux à la Trappe, probablement à force de rester dans cette même position, mais dont elle ne disait jamais rien. Elle aimait à s'unir aux offices et à chanter de toute son âme avec le chœur. Elle avait à peu près constamment les yeux baissés, et je ne crois pas qu'elle m'ait jamais adressé à l'Eglise une parole inutile.

» Maria me semblait avoir une conscience pure et sans scrupule, le bien semblait être son partage ; elle

y nageait comme dans son élément et sa véritable
sphère. Un des vicaires de Notre-Dame auquel elle
s'adressait depuis son retour ayant eu son changement, je lui demandai à qui elle irait désormais :
« Vois-tu, me dit-elle, je n'en sais rien ; mais je t'assure que je me confesserais bien sur une grande
route ». Une autre fois, pour la sonder, sa cousine
lui parlait des répugnances que l'on éprouve pour
l'aveu de ses péchés. « Cette bonne enfant me répondit : « Oh ! pour moi, je suis heureuse de me confesser, et cela me fait toujours du bien. »

« En arrivant de la Trappe, dit sa cousine, ce fut
toute une affaire pour sa toilette. J'y reviens parce que
je ne doute pas que les personnes qui l'ont connue
et aimée n'entendent avec plaisir ces mille petits
détails, riens pendant la vie qui deviennent beaucoup
après la mort. Là-bas, elle avait le costume religieux,
il fallait bien naturellement qu'elle le laissât. Maria
aurait voulu se contenter avec ce qu'elle avait. Etait-
ce pressentiment de sa fin prochaine, crainte de dé-
pense ou amour du dénûment, je ne sais ; mais toujours est-il qu'elle avait toujours trop. Seulement, sa
mère et ses frères n'entendaient pas de cette oreille-
là, et il fallut s'y soumettre. Son premier costume,
nous aidâmes à le faire, et en l'attendant, je lui en-
voyai ce que je pensais qu'elle pouvait prendre dans
le premier moment du besoin. Etant à peu près de
la même taille, l'échange était facile. Aussi aimait-
elle à nous redire depuis : « Je me souviendrai toujours que j'ai été habillée de vêtements d'emprunt et

que l'on s'est rassemblé *par charité* pour travailler pour moi. » Elle aurait dit vrai, la chère enfant, si, au mot de *charité*, elle avait substitué celui d'*amitié*. Elle se laissait faire quant à la forme et à la coupe ; mais elle ne voulait que *du noir* et que le tout fût modeste. Je l'ai vue un jour demander à une jeune fille si elle n'avait pas froid et lui proposer un fichu, et cela parce que la modestie de Maria avait remarqué le corsage un peu ouvert de cette jeune personne qui, en somme, cependant, était de celles dont on peut dire : sa mise est convenable. J'étais là, je ne dis rien à Maria, mais il me fut facile de deviner le motif de sa proposition. « O mon Dieu, disait-elle dans sa maladie, si je guéris, j'aimerai à être *propre ;* mais je serai *simple, simple comme une petite colombe.* »

« Un autre petit trait de cette bonne Maria nous donnera une idée de sa simplicité, de son obéissance et du peu de cas qu'elle faisait de ce dont tant de jeunes personnes sont manifestement vaines. C'était pendant son séjour à la Trappe. Vous savez que, dans cet ordre, le plus rigoureux silence est observé et que les soins accordés au corps sont de ceux qui sont pour ainsi dire oubliés. Maria avait cru comprendre de la Mère maîtresse qu'on ne devait pas se soigner ; et, sans rien demander, de crainte probablement d'une parole inutile, elle était restée avec sa première croyance ; de sorte que, quand elle nous arriva, ses cheveux étaient dans le plus triste état. Et comme je lui demandais pourquoi elle les avait ainsi hachés

dessus, elle m'avoua ce que je viens de dire et m'a-
jouta : « Ma tête, depuis six mois que le peigne n'y
était entré, était en feu. J'allai trouver la Mère maîtresse, en lui disant que je n'y pouvais plus tenir.
Alors elle sourit et me dit que j'avais mal compris,
et que les novices, ayant encore une partie de leurs
cheveux, la règle ne leur défendait pas d'en prendre
un soin modéré, et que, pour les religieuses, les
ayant entièrement rasés, ce soin leur devenait en
effet inutile. »

Quant au régime sévère des Trappistines, Maria
m'a avoué que, dans les commencements surtout,
son cœur s'était soulevé en présence de certaines
portions ; mais qu'alors elle les avalait les yeux fer-
més ; qu'elle s'y était ainsi peu à peu habituée et que
son appétit avait fini par devenir tellement vif qu'elle
en avait eu des scrupules ; qu'un jour même elle était
allée demander à son confesseur s'il n'y avait pas
de sensualité pour une Trappistine à trouver si bon
ce qui était servi et à manger avec autant d'appétit.
Je n'ajoute aucune réflexion, je ne veux que redire en
racontant.

» Sur ces entrefaites, Henri revenait de Saint-
Pierre après une traversée heureuse. Quand il aperçut
Maria, qu'il croyait à la Trappe, il eut un cri de
surprise, il était fou de joie. Apprenant qu'elle était
malade : « Reste, lui dit-il, reste avec notre mère ;
j'aurai soin de vous, promets-moi de ne point la
quitter ». Le dimanche suivant, il était fier de se pro-
mener avec sa sœur et de faire avec elle ses visites de

retour. Pour cela, Henri avait voulu qu'elle revêtît un costume frais dont il lui faisait cadeau. « Ecoute, lui dit-elle, je te sais bon gré de tout ce que tu fais pour moi ; mais je te dirai que j'accepte seulement pour vous faire plaisir à tous : « c'est la livrée de ma mère que j'endosse ; je la prendrai pour te suivre partout ». — Ne crains pas, répondit l'excellent frère ; avec moi, tu ne manqueras de rien. » Elle se fâcha cependant au sujet des boucles d'oreilles et n'en permit point l'achat, déclarant que c'était inutile et que jamais elle ne consentirait à en porter.

» Je lui avais acheté un châle sans l'en prévenir, continue sa mère, voulant qu'elle fit honneur à Henri : le châle resta dix jours dans son buffet, et je fus obligée de le remettre à la marchande. Comme nous la pressions de nous expliquer le motif de son refus, elle finit par nous dire : « Encore, s'il était *noir,* pour vous faire plaisir, je le garderais, *car alors il pourrait servir à maman :* pour celui-là, non, jamais je ne l'endosserai ; il est trop jeune, *maman ne le porterait pas* ». Le séjour de Henri lui avait mis la joie dans l'âme : elle s'occupait de son trousseau avec amour, elle l'entourait de mille petites prévenances. « Pendant les trois semaines que nous l'eûmes à la maison, raconte madame Le Chaplain, cette bonne petite se levait tous les matins pour la messe de six heures : après cela, elle revenait juste pour servir le déjeuner de son frère. Comme elle était heureuse de le lui apporter ! et lui-même si content de faire l'endormi exprès pour l'entendre dire tout bas : « Il dort, maman, laissons-le, il est si fatigué ! »

A peine de retour, Maria s'humiliait jusqu'à terre de la faute qu'elle croyait avoir commise. Ce qu'elle souffrit alors se sent plus qu'on ne peut l'exprimer par des paroles. Elle demande pardon à Dieu, à sa bonne tante, à tous ceux qui lui ont servi de directeurs et de guides. « Mon pauvre corps souffre ici, dit-elle, plus qu'il ne souffrait à la Trappe, malgré tous les bons soins qu'on me prodigue. Ma bonne mère ne sait que faire pour me faire plaisir. *Plus que jamais je crois, mais tout à fait sérieusement, que pour moi la vie sera désormais de courte durée. Fiat !* tout ce que le bon Dieu voudra ! Il est le maître, il est mon père, il est mon Tout !... J'aime toujours mes bonnes mères Trappistines ; j'ai aimé autant dans ma vie ; plus, c'est impossible. Mon intention d'y retourner, loin de diminuer, augmente. Si Dieu m'en accorde la grâce, quel bonheur !

« Me voilà donc rentrée dans Babylone, écrit-elle ailleurs, j'ai laissé vendredi ma douce, ma chère et bien aimée solitude... Je ne vois plus, je n'entends plus, je ne vis plus... Quand donc pourrai-je retourner dans le désert ? Quand me sera-t-il permis d'y courir et de m'y renfermer de cette fois pour toujours, jusqu'à la mort ? Je suis, en vérité, comme le petit poisson sur la grève, hors de mon élément. Ah ! si je pouvais vous montrer mon cœur ! il est blessé, il est brisé, il est mort : mes yeux sont deux fontaines de larmes. *Le temps que je passerai dans le monde désormais sera court, bien court !* » — En effet, sa santé ne fera plus que dépérir. « Je serais bien, dit-elle, si ma gorge n'était pas si méchante. Quelquefois elle enfle beaucoup et me ferait beaucoup souffrir, si cela n'était point passé pour moi en habitude. La potion du médecin m'a fait venir le sang par la bouche... Espérons pourtant le rétablissement de la santé ! »

Son détachement de tout bien terrestre, par esprit de pauvreté, s'accentue dans les derniers temps de sa vie. Son frère aîné, à la fin de juin, lui donne dix francs qui passent aussitôt dans la main de sa mère. « Puisque tu me les donnes, je suis bien libre, dit-elle, d'en disposer selon mon bon plaisir. » Le lendemain, Henri lui remet encore une petite somme en lui défendant de la remettre à personne. Maria, désobéissante, essaie en vain d'en faire le même emploi que la veille : « Non, lui dit sa mère, ton frère te l'a donnée, c'est pour toi ». Il fallut bien avouer alors qu'*on avait fait vœu de pauvreté*. Pour lever tout embarras il fut convenu que la somme serait déposée dans un porte-monnaie sur la cheminée, à la disposition de la famille. Bien entendu que le frère aîné ne fut pas mis dans la confidence, de peur qu'une telle résistance ne lui fît de la peine.

Non-seulement les privations de la pauvreté ne lui étaient point pénibles, elle sembla, dans les derniers temps les savourer avec une vraie douceur. On lui montrait, à son lit de mort, de fort jolies choses, qu'elle ne savait pas être empruntées pour la distraire. Il lui vint à la pensée que, peut-être, sa mère les lui aurait achetées pour lui faire plaisir. Voulant éclaircir son inquiétude, elle demande à sa mère ce qui en est, et, sur la réponse qu'on n'avait pas de si beaux objets à la maison : « Eh bien ! tant mieux, reprit-elle, tant mieux, petite mère, » mais avec une telle force et un accent si convaincu, dit un témoin, que cela me fut jusqu'au fond de l'âme. Sa pensée ne fut pas entièrement exprimée ; je suis sûre pourtant qu'au fond de son cœur elle se disait ces paroles de Notre-Seigneur : « Bienheureux les pauvres d'esprit ! le royaume des cieux leur appartient ! »

Son *vœu de chasteté* lui donnait des scrupules d'une délicatesse extrême. Elle craignait toujours qu'on l'approchât, ou qu'on ne vînt, même par mégarde, à la toucher. Dans sa naïve simplicité, elle soumettait ses embarras de conscience à sa bonne mère, lui demandant souvent : « Telle chose, est-ce un péché ? Faut-il m'en confesser ? » Inutile de dire combien il était facile de lever ses scrupules qui venaient d'un attachement admirable à la plus belle vertu.

Se trouvant un jour à dîner chez un parent avec ses deux frères, elle entendit quelqu'un qui parlait mal de la religion. Celui qui parlait de la sorte avait des enfants auxquels Maria s'intéressa depuis dans ses prières, bien qu'elle eût semblé ne prendre aucune attention à des paroles qui la blessaient au vif de l'âme. « Ah ! disait-elle, comme je vais prier pour qu'il élève bien ses pauvres petits enfants ! » Elle ajouta depuis, à sa prière du soir et du matin, un *Souvenez-vous* à l'intention du père et des enfants. Dans sa dernière maladie elle y revenait, même elle chargea une personne amie de dire à cet homme honnête, mais éloigné de la pratique religieuse, qu'*elle penserait à lui au ciel et prierait pour sa conversion.* Toutes les intentions particulières qu'elle s'était imposées allongeaient démesurément ses dévotions quotidiennes : elle ne se lassait pas de prier. Malade, elle voulait encore répondre et priait sa mère de lui aider à payer sa dette ordinaire, au point qu'on fut obligé de lui défendre de tant se fatiguer.

« A l'Eglise, dans les rues, à la maison, dit la mère, on se plaisait à la regarder marcher. Elle le faisait avec une si grande modestie, qu'elle m'en imposait souvent à moi-même. D'autres l'avaient remarqué; car depuis sa mort plusieurs le répètent à sa louange : « Quel maintien modeste à l'église ! me dit-on : elle n'y levait jamais les yeux ».

Tout près de la basilique de Notre-Dame, monument splendide de la foi des anciens temps, sur ce roc fortifié qui conserve encore son grand air de citadelle du Moyen-âge, se trouvait la maison habitée par sa mère, maison natale où, de sa chambre située au rez-de-chaussée, la pieuse jeune fille apercevait, en priant seule, soir et matin, la chapelle du Saint-Sacrement. A quelques pas de sa demeure, sur la plate-forme de l'ancien cimetière, auprès du parapet qui borne le champ des morts, elle venait quelquefois, comme du haut d'un balcon taillé dans la montagne, contempler l'un des plus beaux spectacles de la nature embellie par le vaste horizon de la mer et transformée par l'industrie des hommes. A ses pieds se projetait, comme au premier plan d'un magnifique tableau, le port de Granville où tant de fois elle avait accompagné ses frères au moment où ils partaient pour leurs lointaines navigations. De là était parti, pour un dernier voyage, Urbain, son bien-aimé frère, qu'une tempête lui avait ravi!... Là devait aborder Henri, longtemps absent, toujours attendu, que son regard cherchait vainement à l'horizon. A côté la ville basse endormie dans la brume bleuâtre, et, plus loin, au midi, à perte de vue, les masses rocheuses qui servent de frontière aux marées envahissantes.

Sa promenade de choix consistait à prendre tous les jours le grand air sur le rivage, où elle évitait la foule; puis au retour elle entrait à la chapelle ou à l'église, trouvant l'heure trop courte et se retirant avec peine comme s'il eût fallu quitter le ciel et revenir sur la terre d'exil. « A l'église, dit la mère, qui l'y conduisait, elle ne vivait plus que pour le Saint-Sacrement. Elle trouvait son bonheur à y rester. Quand elle consentait à m'accompagner chez plusieurs amies, c'était, me disait-elle, pour me faire plaisir : « Car j'aimerais mieux être seule avec mon Jésus. Mais pour toi, petite mère, viens, viens, je t'en prie, tu me feras plaisir. » Nous suivions exactement les prescriptions du médecin : elle n'allait pas

11

mieux, une soif ardente la dévorait. « La chère petite me répétait toujours : Maman, pourquoi me faire prendre tout cela ? *c'est inutile, je mourrai avant mes vingt ans !* » En effet, elle avait quelques mois de moins, quand elle mourut comme une enfant prédestinée.

Les lettres qu'elle écrivit dans ces derniers temps parlent habituellement du bonheur de la souffrance, de l'abandon à Dieu, de l'union à Notre-Seigneur, du désir du ciel : « Priez pour moi, dit-elle, Marie-Ursule au ciel vous le rendra ». « Je suis toujours poursuivie par le médecin et ses potions : mon Dieu que votre volonté se fasse et non pas, certes, la mienne ! 80 pastilles à prendre ! Je ne sais plus prier ; mon cœur est un désert sec et aride. Je n'ai plus qu'une seule chose, du moins il me semble, c'est que je voudrais aimer le bon Dieu et le lui prouver. L'autre jour, j'étais dans la petite chapelle de Saint-Thomas : que le sermon du P. Regnault m'a fait de bien ! Le sujet était « l'amour de Notre-Seigneur ». Je croyais être aux Bénédictines. Il y avait, comme là-bas, des Congréganistes, des Enfants de Marie, une bannière, les mêmes chants ; mon Dieu, que c'était beau ! S'il y a de si belles choses dans l'exil, mon Dieu, que nous réservez-vous dans la patrie ! Oh ! oui, là-haut, pour nous qui avons souffert ici-bas, que de bonheur ! »

Le 15 août lui ramenait une fête qui la rendait particulièrement heureuse. « La fête de l'Assomption a été toujours ma fête et j'en suis fière : fête de ma

Mère et fête du Ciel ». Celle de 1876 devait être sa dernière. Plus que jamais elle y attache de l'importance.

Au commencement du mois d'août elle trace sur une feuille les lignes suivantes qui doivent être reproduites dans leur touchante simplicité :

« Jésus, Marie, Joseph, saint Benoît, saint Bernard.

Tout à Jésus par Marie et tout à Marie pour Jésus par saint Joseph.

Intentions pour la neuvaine préparatoire à la fête de l'Assomption de la sainte Vierge immaculée :

1° Pour le triomphe de notre Mère la sainte Église et de notre Saint-Père Pie IX.

2° Pour notre patrie, pour tous les princes chrétiens.

3° Pour ma bien bonne maman. Que toutes les joies que vous me destinez tombent sur elle et tous les malheurs et peines sur moi.

4° Pour la conversion de..... et enfin de tous mes parents.

5° Pour la délivrance des âmes du purgatoire : en particulier, papa, mon frère, mon oncle, cousins, tous mes parents, M. l'abbé Aubrais, mère Saint-Antoine, toutes mes maîtresses, tous mes parents en Jésus-Christ.

6° Pour que mon bien bon Père (son Directeur) reçoive en ce beau jour toutes les grâces dont il a besoin. — Pour la parfaite guérison de ma bien bonne tante. »

Sa correspondance trahit à cette époque les per-
plexités les plus douloureuses. On la tire en tous
sens, elle se prête à tout : chacun lui donne un conseil, elle écoute; un autre avis détruit le précédent.
« Que faire ! si je savais seulement la volonté de
Dieu ! B. Duruel est morte : elle avait mon âge.
Ah! si c'était moi ! » — En post-scriptum elle ajoute,
parlant de sa mère : « Elle est si bonne, si charitable, ma bonne, mon excellente mère ! priez pour
elle, je vous en conjure, afin qu'elle sache bien que
sa fille l'a toujours aimée de tout son cœur ! » Ah !
la pauvre mère n'avait pas besoin de prières à cette
ntention; et aujourd'hui, moins que jamais !

Dix jours plus tard, elle remplit avec une fidélité
touchante, à l'endroit de son directeur du pensionnat,
ce qu'elle appelait « le devoir du cœur ». Voici sa
lettre tout entière, si courte, mais bonne et cordiale.

25 Août. — « Mon bien bon Père, oh ! bonne fête !
Le présent est bien faible, bien petit, bien indigne
de vous (une image); mais vous connaissez ma position : c'est toute ma richesse. En revanche les vœux
sont ardents et sincères et les prières demain seront
bien ferventes. La sainte Messe, la sainte Communion
seront pour vous. Adieu, bénissez votre enfant.
Maria, Enf. de M. Imm. »

Elle tirait ces billets charmants de son excellent
cœur et sans le moindre effort.

De Valognes, on lui recommande la retraite de ses
bonnes maîtresses. « C'est moi, répond-elle, qui ai
pensé à vous durant toute la semaine qui a été rem-

plie pour vous de tant de grâces! Je vous voyais, ma bonne tante, arriver toujours une des premières à l'Eglise; moi aussi j'y étais en esprit; mais hélas! c'était trop loin, je n'entendais rien. Une retraite! c'est quelque chose de si délicieux! oh! demandez que ma foi devienne grande, mon obéissance forte, ma charité immense. »

CHAPITRE DIX-HUITIÈME

Vers la mi-septembre, dans son dernier voyage à Valognes et à Denneville, raconte madame Le Chaplain, lors de la mort de M. l'abbé Vasselin, elle me dit avoir attrapé froid. Elle sortit encore depuis son retour, mais en se plaignant. « Il me semble, disait-elle, que le dos me danse et qu'en moi il y a une rivière qui monte et descend. » Nous l'avions nous-mêmes trouvée très-changée à la communauté. Elle marchait difficilement, comme embarrassée dans ses vêtements ; les traits du visage étaient fatigués et nous nous attendions à une maladie. Elle fut heureuse alors de revoir celui qu'elle regardait avec une foi profonde comme le représentant de Dieu. Sa perplexité au sujet de l'avenir n'était peut-être pas étrangère à un état de santé qui donnait des inquiétudes. Quand elle fut assurée que la volonté de Dieu était qu'elle restât dans sa famille, au moins jusqu'à sa majorité, qu'elle devait regarder sa bonne mère comme sa supérieure et sa maison de Granville comme un noviciat préparatoire ; quand on lui eut donné l'assurance qu'un jour, mais plus tard seulement, Dieu lui manifesterait ce qu'il désirait d'elle, son âme reprit l'épanouissement qu'on admirait jadis et la candeur de la pension. « Au fait, disait-elle après cet entretien, pourquoi m'embarrasser ? irai-je à vingt et un ans ? Que d'imprévu jusque là ! à la grâce de Dieu ! » A ce point de vue, le voyage de Valognes lui fit du bien : on eût dit qu'elle était totalement soulagée du fardeau de son avenir.

« Après le voyage de Valognes, dit sa bonne mère, elle était gaie, aimable et ne voulait que ce qui nous plaisait. Je remerciais le bon Dieu intérieurement, tout en le faisant remarquer à son frère qui, comme moi, était heureux de ce changement. » Nous laisserons désormais presque continuellement la parole à cette mère courageuse qui raconte d'une manière touchante les derniers jours de notre excellente congréganiste. Les seuls détails intercalés dans son récit viennent d'une âme aimante et d'un cœur également dévoué, de sa cousine, témoin journalier des scènes que nous allons reproduire dans leur minutieuse exactitude.

« Vers la fin de septembre, dit madame Le Chapelain, Maria revenait avec moi de sa promenade au bord de la mer. Nous étions seules. « Maman, me dit-elle, dans quel mois allons-nous entrer ? Ne sachant trop où elle en voulait venir et sans penser de plus loin, je lui répondis que le mois qui suivrait celui-ci serait celui des morts. « Oh ! me dit-elle, je ne les oublie pas ! le pauvre Urbain était si bon, il

m'aimait tant! » Je restai silencieuse, ne voulant pas
donner cours à ses tristes pensées. Tout à coup elle
reprit : « Oh! pour moi je mourrai jeune, peut-être
avant vingt ans, au plus tard à vingt-trois ». Puis,
avec sa candeur d'enfant qui ne calculait point la
portée de ses paroles, elle ajouta : « Qu'il serait beau
pour une jeune fille de mourir le jour de la Toussaint!
Elle irait tout droit au ciel; car ce jour-là il n'y a
plus de purgatoire, il est fermé pour vingt-quatre
heures! » Ces paroles me donnèrent de l'inquiétude;
que j'étais loin pourtant de penser qu'elles allaient se
réaliser pour ma pauvre enfant!

En effet sa mine était bonne, dit une de ses amies
qui la voyait souvent, et certainement à la voir personne n'eût osé dire que sa santé laissât à désirer.
Pendant les six mois qu'elle a passés ici et même
durant sa maladie, sauf une légère altération des
traits, cette bonne mine a toujours existé. Cependant
elle se plaignait et des spasmes assez fréquents
donnaient lieu de craindre le malheur qui allait
arriver. Dans les commencements sa gorge enflait
souvent et en plaisantant elle me disait parfois :
« Je finirai par faire comme la grenouille ». Une
dent qu'elle se fit ôter alors lui procura quelque soulagement et l'enflure ne revint que rarement. Le
médecin la vit, ordonna un traitement, tout en disant :
« ce n'est et ce ne sera rien ». Je crois que plusieurs
remèdes commencés et à contre-temps interrompus
lui firent plus de mal que de bien. Les bains de mer
cependant et l'exercice qu'elle prit alors semblèrent

modifier les mauvaises dispositions de son tempérament en lui donnant courage et appétit. Car depuis
longtemps elle mangeait peu, mais buvait énormé-
ment. Il est probable qu'une fièvre intérieure
existait.

« Pourquoi donc, Maria, disais-je, pendant un de
ses rares moments de tranquillité à notre chère malade,
as-tu dit si souvent que tu étais certaine de mourir
avant vingt ans? » Vois-tu, ma bonne Julia, me
répondit-elle, j'ai vu tant d'empêchements à ma vie
religieuse qu'alors j'ai dit au bon Dieu de me prendre
si je ne devais pas y parvenir. Cette réponse, Maria
l'a faite à tous ceux qui lui ont fait la même question.

La dernière lettre qu'elle écrivit est datée du
9 octobre. Elle s'excuse du retard qu'elle a mis à
répondre, mais elle a été « *un petit peu malade* ».
C'était un froid : « J'en ai été quitte pour cinq jours
de fièvre. » Cette lettre est courte. Elle y parle du
sermon qu'elle a entendu la veille, à la bénédiction
des roses, et demande des nouvelles de sa « *chère et
bien-aimée Congrégation* ». Il faut, dit-elle en terminant, que Maria devienne une fille robuste ou
qu'elle s'en aille au Ciel. Bonne tante, je finis
d'écrire, mais non pas de vous aimer. » Trois
semaines plus tard, Maria quittait ce monde.

Le premier jeudi d'octobre elle assista, comme elle
en avait l'habitude, à la messe du Saint-Sacrement.
Elle y tenait beaucoup. Elle aimait à se placer au
fond d'un banc, auprès d'une jeune fille pieuse qui
était accompagnée de sa bonne grand'mère. Pendant

l'office, elle se trouva si mal, que son livre tomba d'un côté et sa pauvre tête de l'autre. La jeune fille, sa voisine, s'en aperçut, mais elle croyait Maria en prostration devant le Saint-Sacrement. Elle ne chercha nullement à la réveiller. « Car, se disait-elle en elle-même, elle aime tant le Saint-Sacrement! » — » C'est donc, ajoute Mme Le Chaplain, le bon Dieu lui-même qui lui rendit un souffle de vie. Elle n'eut que bien juste le temps de faire les quelques pas qui nous séparent de l'église. En arrivant, elle me tombait dans les bras! Mais, après ces moments de malaise, son énergie reprenait le dessus et elle dissimulait ses souffrances pour éviter de me donner des inquiétudes. »

Le dimanche suivant, qui était la fête du Saint-Rosaire, quoique pouvant à peine se traîner, elle assista aux offices. Nous allâmes, après les vêpres, à la chapelle, faire nos prières pour les absents. C'est en chemin qu'elle se plaignit à une compagne qui lui donnait le bras : « *Aidez-moi*, lui dit-elle, *je n'en puis plus;* j'ai mal à la gorge, et, quand je marche, il me semble qu'on m'arrache le dos. Mais, je vous en prie, *n'en dites rien à ma pauvre mère :* car, vous le savez, sa chapelle, c'est son délassement. » Elle revint donc sans se plaindre, dans l'espoir d'assister le soir même à la fête des roses, prêchée à Notre-Dame par le P. de la Passardière. La cérémonie dura jusqu'à neuf heures et quart : elle avait entendu, pour son dernier sermon, l'explication des mystères du Rosaire. Quand elle revint à la maison,

elle ne pensait plus ni à sa gorge, ni à son dos : elle
était radieuse de ce qu'elle avait entendu et toute
fière d'en rapporter deux roses bénites : « Ah! dit-
elle, en parlant de l'éloquent prédicateur, celui-là
non plus ne fera pas vieux os : il se tue, le cher
Père; mais que c'était beau, tout ce qu'il a expliqué!
les larmes coulaient; on n'était plus sur terre. » Elle
ne voulut pas souper. Après bien des instances, elle
accepta seulement un peu de vin, et, malgré sa fatigue, demanda, comme toujours, son livre de méditation pour le lendemain. Jamais, en effet, elle ne se
couchait qu'elle n'eût fait sa préparation de l'oraison,
et, chaque matin, elle la faisait avec un soin extrême,
comme si elle eût encore vécu à la Communauté.

La nuit fut mauvaise, la fièvre se déclara plus
forte que de coutume : pour elle, *ce n'était rien*. Le
lendemain, avant six heures, elle se levait précipitamment, disant qu'elle n'avait pas un instant à
perdre. Et, comme j'essayais de la retenir : « Tu
sais bien, maman, me dit-elle, que je n'ai que cette
heure-là pour me recueillir : le monde me gêne
quand j'attends plus tard. » On était au 8 octobre :
ce fut la dernière messe à laquelle elle assista. Quand
elle revint, il était temps. Pauvre enfant! elle se
trouva mal : « Ce n'est rien, me dit-elle (c'était son
mot) : il faut *bien souffrir* pour *bien mourir*. Le
bon Dieu m'aime tant, que, depuis longtemps, une
seule heure dans la journée ne se passe pas sans que
j'aie une souffrance à lui offrir. Il faut bien, petite
mère, souffrir ici-bas pour ensuite avoir le Ciel! »

Puis elle reprit des forces et chercha, une dernière fois, à paraître en pleine santé.

On donnait, à Saint-Thomas, une retraite pour les dames. Nous assistâmes, l'après-midi, à une conférence. Elle s'y rendit pour faire plaisir à ses compagnes. A six heures, elle visita encore le Saint-Sacrement, mais je ne l'y laissai pas longtemps. Toutes ces faiblesses me donnaient des inquiétudes, et, pendant la conférence de l'après-midi, je m'étais constamment tenue derrière elle, prête à lui porter secours en cas de besoin. Le soir, de peur de contrister une de ses amies qui l'attendait, elle voulut encore sortir, oublia son mal et fut, jusqu'à neuf heures, d'une gaieté extraordinaire. En tout cela, elle voulait tromper sa mère : « Eh bien ! lui disait-elle, es-tu contente de ta petite fille ? » Hélas ! cet effort devait être le dernier. En se couchant, elle dit : *« De cette fois, je n'en relèverai pas ! »*

« Au reste, atteste sa cousine, elle parlait de la mort comme d'une chose après laquelle elle aspirait. Seule à seule, un jour qu'elle venait me reconduire et que, chez elle, notre conversation avait roulé sur des choses assez sérieuses, elle me disait : « Oh ! le Ciel ! que ce doit être beau ! Combien je désire voir le bon Dieu et toutes les belles choses qu'il nous promet ! La terre et notre pauvre corps sont si peu de chose ! — « C'est vrai, lui répondis-je ; mais la récompense ne vient qu'après le travail, et nous sommes ici-bas pour accomplir la volonté de Dieu : par conséquent, nous devons la laisser agir et disposer entièrement de nous. » — Elle me comprit, mais je ne changeai pas pour cela ses désirs. »

Avouons ici que cette enfant, autant qu'on en peut juger et de l'aveu de ceux qui l'ont le mieux connue, n'était pas faite pour la terre : elle y aurait souffert, et nous osons avancer que la Providence lui fut miséricordieuse en la retirant si tôt de ce monde. Ses goûts, ses aptitudes, ses désirs, ses pensées : rien de tout cela ne pouvait convenir à la lutte incessante imposée à chacun de nous par la position que Dieu nous a destinée. « J'ai assez vu Maria, dit une amie d'enfance, pour dire que sa pauvre âme s'y serait brisée. » ...Son imagination et son cœur, spiritualisés pour ainsi dire par le contact continuel de choses toutes divines, se seraient douloureusement froissés aussi par tous les arrêts d'ici-bas. La vie matérielle, en un mot, soit qu'elle nous impose un travail continuel en nous absorbant et nous jetant dans les diverses préoccupations de l'avenir purement humain, soit qu'elle nous force à prendre soin de mille choses entièrement différentes : cette vie, dis-je, n'était pas faite pour elle. Qu'elle ne fût point dans ses goûts, cela se voit par toute sa vie ; qu'elle ne fût point non plus dans ses aptitudes, c'est le témoignage de celles qui l'ont connue à fond et pratiquée longtemps dans un commerce intime. Elle y aurait souffert. La divine Providence ne l'a pas sans raison délivrée du travail et des préoccupations imposées à tout chrétien, et plus encore à toute chrétienne militante, au milieu des exigences de la vie de

famille. Car, n'est-il pas vrai que la femme a, sur
cette terre, plus de souffrances morales et corporelles
à supporter que l'homme? Celui-ci passe parfois
dans l'étreinte de la douleur et de la maladie, mais
il ne fera qu'y passer : tandis que la femme, qu'elle
le veuille ou non, y restera, y vivra; l'une et l'autre
deviendront son atmosphère continuelle.

Qu'importe, après tout, que notre excellente enfant
n'eût point reçu, pour des combats qu'elle ne devait
jamais livrer, l'armure providentielle qui procure à
tant de femmes vertueuses le triomphe de la foi et
l'invincible constance de la vie chrétienne au milieu
de la dépravation universelle? Sa part, disons-le, fut
assez belle, son élan vers Dieu assez rapide, pour
qu'on n'ait pas à regretter l'inexpérience de sa candeur. Non, non, elle ne connut pas la vie réelle, ni
la corruption, ni l'égoïsme; ses souffrances elles-
mêmes furent d'un ordre tout particulier, en sorte
qu'elle appartient à la famille privilégiée des âmes
que Dieu sauve de la malice d'ici-bas et se hâte de
placer dans ses demeures, avant qu'on ne leur ait
appris le désenchantement si pénible de nos bas-
sesses et de nos hontes. Pour de telles âmes, la vie,
même souffrante, est un festin continuel et un tres-
saillement de saintes espérances, plus vives que les
nôtres et plus hâtivement réalisées. « Je me suis
réjoui, disait le prophète royal, à la parole que j'ai
entendue : nous irons dans la Maison du Seigneur! »

CHAPITRE DIX-NEUVIÈME

Avant de se mettre au lit, elle lut encore son sujet d'oraison pour le lendemain : « Puis elle se coucha pour la dernière fois. Oh! quelle nuit (c'est Mme Le Chaplain qui parle)! je ne l'oublierai jamais. La fièvre redoublait d'intensité; pas une minute de repos. « Maman, dit-elle, je me crois bien malade. Ne te fais pas de peine, car si le bon Dieu me voulait, il faudrait que tu me laisses aller à Lui. » Elle parla cependant d'aller à la messe le lendemain : elle insistait même, disant que son Jésus l'attendait, qu'elle ne pouvait se passer de la sainte communion. Mais je lui répondis positivement que non. Le médecin, que j'avais demandé dès le matin, revint le soir, ce qui me donna des inquiétudes. Notre pauvre Maria paraissait toute préoccupée de la communion qu'elle avait perdue et à laquelle elle attachait le plus grand prix.

Quant à sa maladie, loin d'en être affectée, elle la regardait comme une faveur : « Mon Dieu, disait-elle, je vous en remercie. Il faut que vous aimiez bien votre petite Maria pour lui accorder une si grande grâce. » Quand on lui parlait de guérison : « Comme le bon Dieu voudra », telle était sa réponse. Deux jours se passèrent sans incident nouveau.

« Maman, me dit-elle, voilà le troisième jour que je suis malade : je voudrais bien voir mon confesseur. » Pour la calmer, je le fis avertir. Il vint à plusieurs reprises, les jours suivants, pour la préparer à la sainte communion. Il lui fallait un jour de fête, qu'elle chercha dans son *Formulaire des Enfants de Marie*. Les jours se passaient, et le mal faisait des progrès alarmants. Son corps était comme paralysé et immobile, sauf les pieds et les mains. Sa pauvre tête était en feu, on ne pouvait y toucher. Bientôt elle se plaignit de ne plus voir de l'œil droit ; cependant elle parlait trop, toujours de façon à édifier les personnes qui la visitaient : « Que venez-vous voir ? Est-ce Maria la paralytique ? » Et, ouvrant ses grands bras : « Eh bien ! c'est moi ; mon Jésus m'a clouée, non pas sur un lit, mais sur sa croix : oh ! qu'il est bon ! Merci, mon Dieu, mille fois merci ! »

Si vous l'aviez vue souffrir ! c'était à fendre le cœur. Les nuits passées, le calme revenait un peu. Alors, m'approchant de son lit, je lui disais : « Maria, nous avons une lettre de Valognes. » Elle souriait, en me disant tout bas, tout doucement : « Tu vas me la lire. » J'aurais voulu être au fond d'un bois pour m'écrier et pleurer de toutes mes forces. Ma pauvre enfant perdait la vue : l'œil gauche était paralysé ; de l'autre, elle ne distinguait que faiblement. Ses pauvres oreilles la faisaient aussi beaucoup souffrir. Et l'on me disait : « Pauvre mère, bon espoir! » On priait partout pour la fille et pour la mère : laquelle de nous deux en avait le plus besoin?... Je ne puis dire ce qu'elle a souffert dans la nuit du dimanche au lundi. Dans le cours de ma vie j'ai bien pleuré, jamais pourtant comme cette nuit-là, auprès de ma pauvre enfant! Ne pouvoir la soulager! cette pensée me poignardait le cœur.

« Sa résignation est admirable, écrivait-on; c'est une jeune fille dont la course ici-bas est bien près de finir. » Toutes les personnes qui sont venues la voir, continue la mère, s'en retournaient le cœur navré et ne savaient que me dire : « Que vous êtes heureuse de donner au bon Dieu un ange, une petite sainte! » Elles mêlaient leurs larmes à mes sanglots. — « Guéris-toi, Maria, lui disait sa mère, nous irons à Notre-Dame de Lourdes. » — « Oh! pour moi, répondait la malade, je ne m'engage pas : comme Dieu voudra! Je ne lui demande ni la santé, ni la maladie! » Si la mort est triste, il est beau, cependant, de mourir ainsi. « J'ai un pressentiment, écrivait sa cousine, qui la voyait tous les jours, j'ai un pressentiment que la Toussaint ne la verra pas sur terre. — Veux-tu guérir ou mourir? lui disais-je ce matin. — Ce que le bon Dieu voudra, m'a-t-elle répondu. — Son cri ordinaire et presque continuel est : « Mon bon Jésus, tout ce que vous voudrez! Ma bonne Mère, saint Louis de Gonzague, saint Joseph, saint Benoît, saint Stanislas, priez pour moi! »

On écrit à Valognes pour lui procurer une médaille de saint Louis de Gonzague. « Je vais écrire à ma tante, lui dit sa cousine un matin des derniers jours, que faut-il dire? — Oh! je n'ai plus mes pensées à moi; mais qu'on prie pour moi! » Sa part est bien belle de mourir ainsi préparée et avec de tels sentiments! Tout le monde s'accordait à le dire, chaque fois qu'on la quittait : « On ne peut pas voir une plus belle attitude d'enfant en face de la mort! »

« Je n'ai pas été à même, dit sa cousine, de voir les communications intimes de cette âme avec son Jésus; mais, si j'en juge par les transports qui ont précédé et suivi sa dernière communion; si j'en juge par sa préparation toute céleste et son action de grâces si pleine de feu et d'amour, je puis soupçonner de belles et bien bonnes choses!... » La mère de Maria va nous raconter elle-même cette dernière communion de l'angélique enfant.

« Un soir, raconte-t-elle, quand nous fûmes seules, elle m'appela pour fixer avec moi le jour de sa dernière communion. — « Cherche, maman, me dit-elle, je n'y vois plus; dis-moi les saints de la semaine. » Nous avions trouvé, pour le 24, la fête de saint Raphaël; la fête du saint archange lui souriait assez. Après le paroissien, nous consultâmes son Formulaire. On y annonçait, pour le 23, la fête du Saint Rédempteur. « Voilà mon jour, dit-elle, pour recevoir mon Jésus; le jour de sa fête. Oh! quel bonheur! Et quel honneur, petite mère, pour notre maison! Je t'en prie, aide ta petite fille à s'y pré-

parer. Parle-moi de ce bon Maître, parle-moi du
Ciel! du beau Ciel! Chante, maman, chante avec
moi... Tu ne chantes pas. Tu sais bien pourtant que
Jésus va venir. »

La veille, elle reçut l'absolution. Sa joie rappelait
celle qu'elle avait manifestée, quelques années seulement auparavant, la veille de sa première communion. « Maman, me dit-elle, il faut que je te dise
tout ce soir (au sujet des préparatifs de son beau
jour), parce qu'après je vais me recueillir et penser
au bonheur que j'aurai demain. Ainsi, prépare, petite
mère, prépare avec moi tout ce qu'il faut. Où est la
table, le linge, les bougies? Apporte ici tout près de
moi, que je voie si rien n'y manque. » Je voulais lui
éviter ce soin, raconte la pauvre mère, la conjurant
de s'en rapporter à moi et ajoutant que, le matin, il
était temps d'y songer une heure auparavant. :
« Non, me dit-elle, demain il faut du calme, en
attendant la venue de mon bon Maître et son entrée
chez nous pour se donner à moi. » Elle se fait approcher la table tout près, demande quatre bougies,
deux pour son Jésus et deux pour la Sainte Vierge.
Puis, oubliant que la saison des fleurs est bien
avancée, elle demande, elle exige un bouquet de
fleurs. J'étais à soutenir sa pauvre tête. Au mouvement de mon bras, elle s'aperçut que je pleurais. Je
lui proposai des fleurs artificielles : « Oh! non, me
dit-elle, ce n'est pas ce qui convient. » — Une voisine qui entrait apprend ce qui se passe. Quelques
instants après, Maria était heureuse. Longtemps elle

admira la table chargée de fleurs, disant : « Oh!
comme il sera content, le bon Maître, quand il viendra
visiter sa pauvre enfant! »

» Puis elle fit éteindre les lumières et mettre les
fleurs en lieu sûr jusqu'au lendemain matin.
« Laissez-moi, maintenant, nous dit-elle, il faut que
je sois tranquille pour me préparer à la visite de
mon Jésus. » Elle eût désiré ne rien prendre de toute
la nuit; mais, par obéissance, elle promit d'accepter
tout ce que je lui donnerais, sans faire aucune résistance. Quelle belle nuit! J'aurais voulu, oui, j'aurais
voulu ne pas être sa mère pour chanter, prier,
parler du beau Ciel avec elle. Hélas! je versais des
torrents de larmes, comme je le fais encore en écrivant ces lignes.

» La nuit, quoique douloureuse, était pleine de
bonheur pour la jeune mourante. Plusieurs fois elle
compta les heures qui la séparaient de son Jésus.
Enfin, n'y pouvant plus tenir, à cinq heures et
demie, il fallut parer la table, y poser les fleurs et
attendre en priant. Chaque pas qu'elle entendait la
faisait tressaillir. A sept heures moins un quart, son
bon Maître faisait son entrée dans la maison.
« Maman, me dit-elle, je voudrais être à genoux. »
Le prêtre, entendant cette demande, lui fait signe
qu'elle est bien, lui dit quelques bonnes paroles et la
communie pour la dernière fois. Pauvre enfant! sa
bouche, brûlée par la fièvre, était sèche; ce qui la
troubla un peu. Mais un peu d'eau lui ayant facilité
la sainte communion, elle se calma aussitôt et fit son

action de grâces en commençant par le recueillement, puis la prière, et enfin le chant des cantiques.
C'était à n'y plus tenir, surtout quand elle cherchait
à exciter son âme à s'envoler au Ciel. Ainsi se passa
ce moment si beau pour elle et si douloureux pour
moi.

» Tout n'était pas fini : il lui fallait autre chose...
Un dernier sacrement restait à recevoir. J'y pensais ;
elle y pensait aussi, mais n'avait pas osé, jusque-là,
me le dire. Le mal, cependant, s'aggravait de plus
en plus. Dès l'après-midi de ce même jour, me voyant
seule auprès de son lit, elle me dit : « Ecoute, petite
mère, voudrais-tu me faire le plus grand des bon-
heurs ? » Dès ces premières paroles, je reçus un coup
de poignard au cœur. « Veux-tu, continua-t-elle, me
faire le plus grand plaisir ? » Les larmes s'échappaient
malgré moi et je gardais le silence. « Réponds-moi
avant que je ne te fasse ma demande. » Ne voulant
pas la fatiguer et réfléchissant un instant devant
Dieu, je lui dis : « Oui, ma chère petite, tout ce que
tu voudras, je le veux, et il faudrait que ce fût impossible pour te refuser. » Elle reprit : « Alors, écoute,
ma pauvre maman. C'est un grand sacrifice, mais il
le faut, le bon Dieu le veut ainsi. Si je ne mourais
pas, tu me l'as promis, je te quitterais. Eh bien !
laisse-moi aller au Ciel : je t'y serai plus utile que
sur la terre. Pour y aller, je veux et il me faut
l'Extrême-Onction... Ne pleure pas ; tu m'as donné ta
parole, c'est bien convenu. » — Personne ne savait
que c'était l'enfant qui avait prévenu et disposé sa

mère à un sacrifice si douloureux. Je lui donnai ma
parole pour la calmer. Je n'en pouvais plus, mon
cœur était brisé : je l'aimais tant, cette chère enfant !

» On ne savait pas que je consentais à sa demande,
et comme personne n'osait m'en parler, j'étais, pen-
sait-on, un obstacle à son repos. Cependant, elle
pressait son confesseur, sans le prévenir qu'elle
m'avait préparée à cette suprême douleur. Comme il
hésitait toujours, à cause de moi, elle lui dit ouver-
tement qu'elle voulait être administrée. « Est-ce que
vous voulez attendre que je sois un monceau de
terre? Vous en répondriez devant le bon Dieu. C'est
en pleine connaissante, mon père, que je veux recevoir ce sacrement. »

» Elle en parla ensuite à son médecin, toujours
avec la franchise simple et droite qui la caractérisait
dans ses démarches. La conversation qu'ils eurent
devant moi m'est restée gravée dans la mémoire :
« Voulez-vous, mon bon monsieur Le Touzé, que je
reçoive les derniers sacrements? — Ma chère petite,
vous n'êtes pas en danger. Si je vous y voyais, il
serait de mon devoir de vous y préparer. Mais, si cela
peut vous faire plaisir, quoique ce soit l'affaire de
votre confesseur, je le veux bien. — Oh! merci, mon
bon monsieur Le Touzé; que ferai-je donc pour vous
qui faites tant pour moi? Quelle belle couronne le
bon Dieu vous donnera! — Oui, ma chère petite;
ne vous tracassez pas : quoique je vienne souvent
vous voir, ne vous gênez pas pour m'appeler quand

vous voudrez; je viendrai tout de suite. — Oh! que vous êtes bon! Que ferai-je pour vous? — Vous prierez le bon Dieu pour moi; moi, je prie tous les jours pour votre guérison. — Je vous demande, mon bon monsieur Le Touzé, de me recommander aux prières de vos enfants du Cercle catholique. — Oui, ma bonne petite; ce soir même, je vais vous recommander à notre Directeur, et nous allons prier pour vous. » — Et il la quitta. La pauvre Maria était heureuse.

» Le lendemain, elle était plus mal. On ne savait comment me préparer à consentir aux derniers sacrements. La pauvre enfant s'aperçut qu'on chuchotait autour de nous, sans oser aller plus loin. Je fondais en larmes, ce qui empêchait qu'on ne me parlât de ce nouveau coup qui m'attendait, et auquel j'étais pourtant préparée. Elle résolut elle-même la difficulté : « Ne vous inquiétez pas, leur dit-elle, ce n'est pas utile : ma petite mère y est préparée; elle ne veut rien me refuser. » Tout le monde se sentit soulagé à ces paroles, et, le jour même, la triste cérémonie se fit en ma présence.

» Quand le prêtre fut venu, me voyant là, disposée à rester, il m'engagea à me retirer, disant que je n'étais pas nécessaire et que cela ne pouvait que me faire de la peine. « Non, lui dis-je, je ne la laisserai pas, le bon Dieu m'aidera. » Je l'en remercie aujourd'hui, car j'ai pu juger par elle comment il faut être à cette heure : c'est près d'elle qu'il fallait venir apprendre à bien mourir. Elle fit « Au nom du Père » avec le prêtre, lui répondant à toutes les prières, les mains jointes, les yeux baissés, dans l'attitude qui lui allait si bien lorsqu'elle priait, à l'église, après la sainte communion. Tout le monde était édifié de son calme, de sa piété et des sentiments admirables qu'elle manifestait en recevant les secours de notre sainte Religion.

» Quand elle eut répondu à toutes les prières, avec une ferveur angélique, elle s'informa si tout lui était donné, si elle avait reçu les indulgences. A peine en eut-elle l'assurance qu'elle s'écria : « *Alleluia !* maintenant je puis partir et m'en aller à mon Jésus, au Ciel, oui, au beau Ciel. » Puis elle chanta des cantiques : « Chante, maman, disait-elle, chantez tous avec moi : *Le Ciel est ma patrie !* » Elle garda toute sa vie cette vivacité d'action de grâces pour les bienfaits de Dieu. Les sacrements surtout la transportaient de joie. Ce fut, par une bonté de la Providence bien remarquable, le dernier jour où elle eut sa pleine connaissance qu'elle reçut l'Extrême-Onction.

» Dès le lendemain, la mémoire lui faisait défaut, à certains intervalles. Elle se remettait vite : car elle a conservé par intervalles, jusqu'au dernier moment, l'usage de son intelligence. Un jour, elle dit à son confesseur : « Mon père, je crains que vous ne me connaissiez pas : je voudrais que vous me connussiez davantage. Si vous le vouliez, j'enverrais maman me chercher, en haut, ma confession générale. » Le confesseur, qui connaissait sa belle candeur et sa franchise admirable, lui ordonna de se calmer et refusa, lui assurant qu'il la connaissait bien. Au reste, Dieu lui fit la grâce de se confesser le jour où elle avait une parfaite possession d'elle-même, et, plus tard, je reconnus qu'on ne lui avait point revu une aussi belle connaissance.

« Dans l'après-midi de cette même journée, elle me dit : « Petite mère, je m'en vais ; mais ne te fais pas de peine, je m'en vais à mon Jésus. J'ai beaucoup souffert sur la terre, moins que toi pourtant. Reste encore et prends soin de la famille. Sers toujours bien le bon Dieu. Je vais vous quitter ; notre bon Jules, qui est là-bas, ne me reverra plus. Là-haut, je veillerai sur mes trois frères, et je prierai pour que nous soyons tous réunis un jour. » Puis elle parla de ses souffrances, qu'elle offrait pour son bon Urbain, assurant qu'elle le prendrait pour l'introduire dans le Paradis. Elle comparait sa mort à la sienne : « Je suis bien soignée, disait-elle ; j'ai ma mère à mes côtés, j'aurai un tombeau. Que de grâces, ô mon Dieu ! Si tu étais à ma place, bonne mère, comment aurais-je fait pour te soigner ?

« Le lendemain elle demanda trois feuilles de papier pour écrire elle-même avec un crayon, la plume ne pouvant désormais lui être d'aucun usage. Comme ses doigts défaillants refusaient de tenir le crayon, je lui proposai d'écrire pour elle : « Tu ne peux pas me remplacer, me dit-elle. » Il s'agissait très-probablement d'envoyer un mot d'adieu à son directeur du pensionnat, à la Révérende Mère de Laval et à sa tante la religieuse. La pensée de sa fin

prochaine l'occupait sans cesse. Le soir elle me dit :
« Petite mère tu sais, quand la mort va venir, je ne
pourrai plus te parler, tu ne me comprendras plus :
ma voix s'éteindra comme mes yeux. Tu me vois,
pauvre mère, tu vois souffrir ta fille chérie. Eh bien !
moi, je ne te vois plus; le bon Dieu m'a ôté la vue...
Comme il voudra, tout ce qu'il voudra, que sa sainte
volonté soit faite. Tout pour vous, mon Jésus. —
Mais, bonne petite mère, dans quelques jours il ne
serait plus temps, je ne pourrais plus te demander
ta bénédiction. Bénis-moi, bonne mère, je t'en prie.
Si tu savais comme je serai heureuse d'avoir ta bénédiction ! Oui, maman, bénis ta fille chérie... Tu
pleures, ne pleure pas : c'est le bon Maître qui
m'appelle à Lui, ne te chagrine pas. Va, je veillerai
sur toi, je prierai tant que tu seras sauvée. Pauvre
mère, c'est bien dur pour toi de me voir souffrir ! »

A ce mot, l'excellente mère interrompt son récit.
« Hélas ! dit-elle, j'aurais voulu noter jour par jour
tous mes souvenirs ! Mais ces souvenirs me brisent;
ma pauvre tête n'y tient plus, mon cœur faillit et la
mémoire me fait défaut par l'excès de la douleur. »
Comment en effet relater cette cruelle histoire sans
en raviver les émotions ? Néanmoins il était bon de
la recueillir afin que celles qui ont connu notre chère
défunte gardent ce récit comme un trésor. C'est à
elles que nous l'avons particulièrement destiné ; nous
voulons le confier à leur amitié qui s'en consolera, en

gardant l'espérance de la revoir après la vie présente, dans un séjour meilleur.

Les personnes qui l'ont visitée ont conservé de
ses entretiens un souvenir tout parfumé d'édification. Elle avait pour chacune une bonne parole,
parlant du Ciel, de sa joie, du malheur de sa mère
qui resterait seule, et l'on se retirait les larmes dans
les yeux. Les sœurs du Sacré-Cœur qui la soignaient
avaient par dessus toutes sa préférence. Elle se faisait leur petite fille obéissante, se disant elle-même
l'épouse de Jésus, parlant de la Trappe, qu'elle appelait *son paradis terrestre*. « Il y en a un autre,
disait-elle en riant, qui vaut mieux encore, le beau
Ciel où j'irai bientôt. » Quand, après qu'elle avait
bu, la sœur Perpétue lui offrait quelque petite douceur pour rafraîchir sa bouche desséchée : « Oh !
disait-elle, vous me gâtez ; vous me faites perdre une
bonne occasion de l'offrir au bon Dieu. La prochaine fois, donnez-moi sans crainte la potion.
Quelque mauvaise qu'elle soit, pour mon bon
Maître, je veux l'avaler sans douceurs afin de ne pas
en perdre le mérite. » Un autre jour, on lui disait :
« C'est bien mauvais, n'est-ce pas, ma bonne petite ?
— Bah ! dit-elle avec son sourire d'ange, bon ou
mauvais, par obéissance il faut la prendre ; ma
bouche est un trou par où tout passe. » On vient
lui demander d'offrir au bon Dieu l'une de ses souffrances pour une compagne exposée à un danger
sérieux : Oh ! dit-elle, bien volontiers ; je vais offrir
à mon Jésus toutes mes souffrances d'aujourd'hui à

cette intention ; dites-le à la pauvre Mère pour la consoler un peu. » — Sa cousine qui la voyait tous les jours lui rend le même témoignage : Ses tisanes, ses potions, elle avalait tout et ne refusait rien. Quelquefois, après nous avoir témoigné ses répugnances, elle reprenait la tasse et la vidait. C'était alors comme lorsqu'elle nous avait dit de belles et bonnes choses, qu'elle s'arrêtait en nous disant : « Je devrais peut-être ne rien dire et ne rien faire paraître, car il y a peut-être encore un peu de vanité dans tout ceci. »

Un jour, dans une de ses visites, son confesseur lui dit entrant : Eh bien ! Mademoiselle, j'espère que vous n'êtes pas oubliée ; on vous visite et l'on prie pour vous de tous côtés. — « Je suis bien contente que l'on prie pour moi, répondit Maria, et je supplie le bon Dieu de répandre toutes ces bonnes prières sur toute ma famille ; mais il vaudrait peut-être mieux que je fusse plus oubliée et abandonnée, parce qu'alors je ressemblerais davantage à Notre-Seigneur. »

La chère mourante avait souvent près d'elle une petite statue de saint Louis de Gonzague, car elle aimait ce saint d'une manière toute spéciale : « Oh ! mon bon petit saint Louis, me dit-elle un jour, je sais sa vie par cœur. » Saint Benoît, saint Bernard, saint Stanislas de Kostka, saint Joseph étaient encore ses privilégiés ; mais par-dessus tout et avant toutes choses « son bon petit Jésus. »

CHAPITRE VINGTIÈME

DÉTAILS ÉDIFIANTS SUR NOTRE CHÈRE MOURANTE

Redire les vertus qui m'ont le plus frappée en Maria pendant ses derniers jours, raconte sa cousine, c'est nommer sa foi, sa résignation pleine et entière, sa confiance en N.-S., sa charité pour toutes et pour chacune des personnes qu'elle avait connues ou qui allaient la visiter, et par-dessus tout, son amour pour son « bon petit Jésus. » — « Oui, mon Dieu, s'écriait-elle parfois, je vous aime, je n'aime que vous, ou, si j'aime encore quelque chose, ce n'est que pour vous. » A l'exception d'une autre jeune personne morte à 23 ans, et que j'avais aussi connue et aimée, je n'ai rien vu de plus affectueux que notre bonne enfant pendant sa maladie. Mille fois elle donnait des preuves de son affection, soit en paroles, soit en nous serrant la main, ou en nous demandant de l'embrasser bien fort « comme nous l'aimions, » pour tout le temps qu'elle ne nous avait pas aimées. — A chaque personne qui venait la voir, mêmes sentiments d'affection ; j'ai remarqué qu'elle les exprimait différemment pour chacun. — D'ailleurs, sa facilité d'expression était vraiment grande pendant sa maladie, son jugement était juste et droit, et chaque chose qu'elle entendait, elle la retournait à Dieu.

Les devoirs des enfants envers leurs frères et mères revenaient souvent dans ses entretiens qui, je vous l'avoue, faisaient du bien à entendre, mais devaient la fatiguer en augmentant sa fièvre. Aussi, souvent nous l'interrompions en lui enjoignant de ne plus parler. « Oh ! laissez-moi, cela me fait du bien de vous dire tout cela, » nous disait-elle ; il était facile de voir en effet que c'était le trop plein de son cœur qui débordait. Le confesseur seul, au nom de l'obéissance, obtenait du calme ; alors elle faisait une croix sur ses lèvres et tout était dit. Ordinairement, le jour était assez tranquille, presque toujours les nuits mauvaises et agitées.

On lui apporta une médaille de saint Benoît qu'elle avait vivement désirée. La pieuse voisine qui se faisait bonheur de la fournir la passa au cou de notre chère enfant avec un cordon neuf. Le soir, il lui vint un scrupule à cause de son vœu de pauvreté. — « Maman, me dit-elle, un seul cordon suffira. » Elle voulut aussi se priver de plusieurs médailles, d'abord parcequ'elles étaient en argent, et ensuite parcequ'elle les avait trop ardemment demandées.

Une de ses tantes venant la voir, elle se souvint qu'elle ne lui avait pas toujours rendu justice, Il lui était même arrivé, bien des années auparavant, avec son petit frère, d'employer un terme peu respectueux qu'elle lui avoua tout naïvement, lui en demandant pardon : Ah ! ma bonne tante, lui dit-elle, voilà tout ce que j'ai dit, je vous assure. » La bonne dame toute édifiée lui accorda aisément le pardon qu'elle demandait. L'angélique enfant la remercia avec effusion et lui recommanda instamment sa mère qu'il lui était si pénible de quitter.

Elle faisait à chacun ses dernières recommandations. A l'un de ses frères debout au pied de son lit, elle rappela une promesse qu'elle lui avait demandée avec une insistance particulière. Les paroles qu'elle lui adressa, étant, comme elle le disait, sur le bord de sa tombe, sont de celles qu'un cœur bien né n'oublie jamais.

Le dernier vendredi, pendant une heure, elle parla de la sainte Eglise, du saint Pontife Pie IX, de la France ; elle pria avec une telle ardeur qu'elle paraissait en pleine santé. Elle demandait à Dieu d'ouvrir le cœur des riches et de leur faire verser leurs trésors pour secourir les pauvres qu'elle aimait tant ; elle demandait pour la France la renaissance de la foi ; elle priait pour le clergé, demandant pour les prêtres l'amour de Dieu et le zèle du salut des âmes. Toutes les personnes présentes étaient dans l'étonnement et semblaient se dire les unes 'aux aux autres : Où donc cette jeune fille va-t-elle puiser tout ce qu'elle adresse à son Dieu dans ses prières ? Puis vint le tour de Granville qu'elle promit de ne jamais abandonner, et pour lequel elle se chargeait de demander de bons pasteurs et la foi des anciens temps.

Je ne sais ce qu'il faut penser de ses apparitions de la Sainte Vierge, raconte madame Le Chaplain : je dirai simplement ce qui se passait en ma présence. Quelquefois, au mot de « Bonne Mère, » je lui disais : « Me voilà, ma petite, je ne te quitte pas. » — « Je le sais bien, chère maman, me répondait la bonne enfant, mais ce n'est plus à toi que je parle, c'est à ma Mère du Ciel que voilà. Je la vois, elle me sourit, elle me tend les bras. » Puis elle lui parlait longtemps, la priant de l'emmener, de la conduire à Jésus. Tous les jours elle lui parlait, croyant la voir. Une des dernières nuits, elle s'entretint longtemps avec saint Pierre qu'elle disait ressembler à un patriarche, avec sa clef d'or. Elle me dit que ce grand saint s'entretenait avec saint Joseph, et que plus près d'elle, saint Jean lui souriait avec son visage de vierge. Elle leur parla longtemps. Si je n'avais pas été sa mère, que de consolations j'aurais tirées de tout cela ! Mais je n'en pouvais plus, mon cœur était brisé, quand je l'entendais supplier tous ces saints de l'emmener : jamais je n'ai vu prier avec plus de foi et de ferveur.

Pendant les trois derniers jours de sa vie, elle parla souvent de celui qui lui avait servi de directeur et de père, après lui avoir aidé, dans une retraite, à se donner à Dieu sans réserve. « Oh! que je serais heureuse de le revoir avant de mourir! Maman, ajoutait l'excellente enfant, ne lui envoie pas de dépêche : il est si sensible, cela lui fera de la peine ! »

Puis elle parlait de ses amies de la pension, de ses maîtresses, de sa jeune cousine qu'elle aimait comme une sœur : « Oh ! quand je serai au Ciel, je ne vous oublierai pas ! je prierai tant pour vous ! »

La veille de son départ pour le Ciel, elle eut quelques frayeurs. Elle semblait voir quelque chose, et d'une voix très-forte, avec l'énergie de la santé, elle répétait : « Non, non, je ne le veux pas ! » Une personne, présente à ce combat, fut priée de jeter de l'eau bénite. J'avoue, rapporte-t-elle, que je n'y avais pas beaucoup de confiance. Pourtant, je le fis. Maria rentra aussitôt dans son calme ordinaire, au point que j'en fus vivement frappée. Puis elle reprit sa conversation avec son « bon Jésus et sa bonne Mère du Ciel. » Voici un autre témoignage que nous aimons à citer :

Cette chère enfant, cette nuit-là, dit la mère, eut beaucoup à souffrir. Je la vois encore les mains crispées, presque jaunes. Elle se débattait douloureusement, « va-t'en, disait-elle ! » Oh ! mon Dieu, m'écriai-je, permettrez-vous que ma pauvre petite devienne folle. Quand l'eau bénite fut jetée une première fois, ses grands bras retombèrent ; mais bientôt la lutte s'engagea de nouveau. Alors ma foi se réveilla, j'étais remuée jusqu'au fond de l'âme. Mon Dieu, m'écriai-je, écoutez la prière d'une pauvre mère, délivrez ma chère enfant. Je saisis l'eau bénite avec une foi vive ; espérant tout du bon Dieu, je jetai quelques gouttes sur ma chère enfant.

Au même instant, ses bras retombèrent et elle se calma comme par enchantement. Pendant les trois semaines de sa maladie, c'est le seul moment pénible qu'elle eut avant de mourir. Elle fut douloureuse, cette dernière nuit, elle fut longue pour Maria qui souffrait cruellement. Elle voulait parler, on ne l'entendait que difficilement. Nous étions deux auprès d'elle, sœur Perpétue et moi, cherchant à la soulager de notre mieux et désolées de ne plus savoir ce qui pouvait lui faire plaisir.

Deux jours avant sa mort, on écrivait de Granville : Rien de nouveau dans sa position, sauf plus d'affaissement. Elle a toujours sa connaissance, mais ne prend plus aucune part à ce qui se passe autour d'elle. Quand on l'approche cependant, parfois elle reconnaît et vous nomme. Toujours d'ailleurs, dans le peu de paroles qu'elle prononce, même foi, même piété, même affection pour le bon Dieu et aussi pour chacune des personnes qui vont la voir. Tous s'en retournent édifiés et émus et tous redisent combien est favorisée une âme que Dieu enlève de ce monde dans de tels sentiments. Son confesseur est un jeune prêtre rempli de piété et pénétré de l'esprit de sa vocation. Je puis dire que toutes les grâces lui ont été accordées et je ne crois pas qu'elle eût pu avoir davantage dans une maison religieuse. Bénissons Dieu qui l'a ramenée mourir chez elle, pour vous d'abord, pour sa mère qui, si elle a la douleur de la voir mourir, a la consolation du moins de lui donner ses soins. Bénissons-le pour chacune des personnes qui l'ont vue pendant sa maladie, parcequ'elle est pour tous un sujet d'édification. Sa foi, sa confiance en Dieu, son humilité, sa soumission à la volonté divine, son obéissance sont grandes et entières, je dirais presque qu'une âme de jeune fille ne peut posséder ces vertus à un plus haut degré. — *Sa foi :* « Mon Dieu, s'écrie-t-elle parfois, je crois en vous et je veux le dire à tous. » On voulait prendre quelques précautions pour l'Extrême-Onction : « Quoi ! vous voudriez vous cacher ! Ce que je suis, ce que je crois, je voudrais pouvoir l'être et le dire devant une armée de soldats et de mauvaises filles. » Elle apostrophe un prétendu philosophe qui se trouve auprès d'elle et le cite au tribunal de Dieu. « Nous verrons qui de nous l'emportera ! » Sa foi triomphante fit pâlir l'incrédulité. *Son amour*, sa confiance en Dieu : Il faudrait un volume pour redire toutes les paroles ardentes qui n'avaient pour ainsi dire de trève ni le jour ni la nuit. — La rendre heureuse, c'était de lui parler de Dieu, du Ciel, ou prier haut près de son lit : que de fois elle m'en a remerciée !

Son humilité : elle ne s'étonnait que d'une chose, c'est que chacune des personnes qui venaient la voir fussent assez bonnes pour penser ainsi à elle. Ses expressions étaient si petites, si humbles, qu'elles en faisaient mal parfois.

Pour *sa soumission* à la volonté de Dieu, qu'il me suffise de dire qu'elle semblait se faire scrupule d'être bien aise d'aller au Ciel, de peur que ce désir fût contraire à une soumission pleine et entière. Aussi, chaque fois que je lui demandais, moi ou toute autre personne : « Que faut-il demander au bon Dieu pour toi? — Tout ce qu'il voudra? » répondait-elle.

Son obéissance : dans sa fièvre, elle se fatiguait à parler, soit à « *son bon Jésus* », soit à sa Mère, à qui elle disait des centaines de fois : « *Je vous aime!* » soit aux personnes qui étaient là. Car il fallait qu'elle eût pour tous et pour chacun un mot aimable et particulier. Or, dans ces moments, il était bien difficile de lui imposer silence, et pourtant, un peu de calme lui aurait fait tant de bien! Mais quand on le lui demandait au nom de l'obéissance, quand son confesseur surtout lui recommandait de ne plus parler, alors elle faisait une croix sur ses lèvres et tout était dit. Je veux bien que ce silence ne fût pas toujours de longue durée, mais les accès de fièvre seuls lui faisaient oublier ce qu'elle avait promis. Pour ses potions, l'obéissance obtenait ce qu'autrement elle eût refusé.

Sa charité pour tous et pour chacun. Je ne puis dire toutes les choses charmantes qui lui sortaient du cœur. Elle affectionnait particulièrement les religieuses qui l'ont soignée le jour et la nuit. Le cœur ému et bouleversé, je vous envoie tous les souvenirs qui se rattachent à son passage sur cette terre, souvenirs qui ne s'effaceront jamais de ma mémoire. Je les confie à une âme qui fut le témoin discret de cette âme bénie. Vous y verrez comme une teinte légère des sentiments derniers de cette chère enfant. Le tout

est tracé au courant de ma plume et de mon cœur,
mais aussi de la vérité. Maria elle-même, du haut
du Ciel, où j'espère qu'elle est maintenant, sourira à
vos affectueuses recherches et priera pour vous ! »

CHAPITRE VINGT ET UNIÈME

SA MORT PRÉCIEUSE DEVANT DIEU

On était arrivé au jour de la Toussaint. Ce jour-là, tout près du lieu où l'excellente jeune fille attendait le moment de sa délivrance, à l'Office des Vêpres, pendant lequel Maria devait mourir, la sainte Eglise chantait : « Pitié, ô Jésus, pour tes pauvres » serviteurs ; pitié pour ceux qui ont la Vierge, avo- » cate et patronne de leur cause, demandant la clé- » mence de ton Père, à genoux, au tribunal de ton » pardon. Et vous, saints Anges, bataillons sacrés, » distincts en neuf chœurs rangés pour le combat, » chassez loin de nous tous les périls, ceux du passé, » de l'avenir et ceux de l'heure présente. Saints Apô- » tres, prophètes du Seigneur, fléchissez un juge » sévère, obtenez son indulgence pour des coupables » dont les larmes sont sincères. Et vous, Martyrs à » la pourpre sanglante, Confesseurs revêtus de la » blanche robe de l'innocence, appelez les exilés » dans la patrie. Chastes phalanges des Vierges, et » vous, que le désert a rendus citoyens du Ciel, » obtenez-nous une place dans l'éternel séjour ! » Ainsi chantait la sainte Eglise, pendant que la mère de Maria, assistée de quelques âmes dévouées, récitait les dernières prières auprès du lit de son enfant et recevait son dernier soupir.

Dès le matin de cette grande solennité, il devint évident que la mourante n'en verrait pas la fin. A six heures, une religieuse du Sacré-Cœur avertit la mère qu'il était temps de faire sonner l'agonie. Au premier coup, Maria appelle sa mère : « Maman, entends-tu ? — Hélas ! oui, ma chère petite. » L'enfant avait compris. Elle fait le signe de croix et s'unit aux prières que font pour elle les âmes pieuses de la paroisse. Peu de temps après, les mêmes cloches, qui imploraient pour la mourante les secours de la charité chrétienne, annonçaient à toute volée la solennité de ce jour. « Que sonne-t-on, maintenant ? demandat-elle. — La grand'messe de la Toussaint, répond la mère en larmes. — Eh bien ! maman, je vais m'y unir. » Et, en effet, elle récita visiblement les parties de la messe.

La pauvre mère raconte ces détails avec une touchante simplicité : « La bonne sœur m'avait demandé, la veille, si je ne voulais pas aller, le lendemain, à la messe de six heures : « Non, lui dis-je, ma place » est ici, je n'en bouge pas. » Elle m'annonça qu'alors ce serait elle qui profiterait de la messe de six heures. Mais après une nuit affreuse, à cinq heures trois quarts, elle n'osa plus nous quitter. Je voulais la sonder et connaître comment elle la trouvait. Je me faisais illusion, comme toutes les mères. « Il est » temps, lui dis-je, de vous disposer pour la messe » de six heures. — Non, me dit-elle, j'attendrai la

» seconde. » Cette réponse me perça le cœur. « Vous
» la trouvez donc plus mal? » lui dis-je, toute trem-
blante. Car, bien que je visse la position de Maria,
je voulais encore conserver l'espérance. « Je ne veux
» pas vous laisser seule, » ajouta la religieuse.
Alors seulement je compris qu'il n'y avait plus d'espoir.

Une heure après, je rompis le silence : Elle n'est
pas bien, ma chère petite fille; qu'en trouvez-vous,
Madame? Elle me dit qu'elle la trouvait plus mal.
J'étouffais de douleur. « O mon Dieu! dis-je alors
tout haut, ne m'abandonnez pas. » Puis, voulant que
rien ne manquât à la mourante, je demandai moi-
même qu'on allât prévenir pour sonner l'agonie : Il
est temps, me répondit la religieuse. Je ne pourrais
assurer si ma chère Maria comprenait ce qui se passait. Mais, au premier coup de la cloche, elle nous
dit : « Maman, entends-tu? fit son signe de croix,
récita son *Confiteor* et l'*Indulgentiam* et prononça
l'acte de contrition. » Elle n'en pouvait plus : on lui
donna à boire, elle resta calme, souriant encore, mais
on ne comprenait plus ce qu'elle disait. Elle avait, je
crois, sa connaissance; car tenant son crucifix dans
ses mains jointes, elle ne cessait de le baiser : il y
avait, à l'intérieur, une relique de la vraie Croix. De
temps en temps, elle prenait ses médailles et son saint
Louis, qu'elle n'oubliait jamais. Ses forces dimi-
nuaient, son heure approchait, et moi, je l'avoue, je
conservais toujours une lueur d'espérance. Au premier son de la grand'messe, elle me dit : Maman,

entends-tu? tu ne peux y aller, unissons-nous, prie pour ta petite fille... Elle fit son signe de croix comme au moment où on avait sonné son agonie, puis, l'acte de contrition achevé, elle resta calme. On voulut la faire boire, elle n'avalait plus. Quelle journée, ô mon Dieu!

Le prêtre étant venu une dernière fois avec le médecin avant les Vêpres, nous supposions qu'elle ne pouvait plus nous entendre; mais à la voix de son confesseur, qui lui demanda si elle pensait bien au bon Dieu; par signe, on connut qu'elle entendait encore. Une heure après, je vis enfin mon affreux malheur. Il n'était plus possible d'en douter. O mon Dieu, dis-je en pleurant, plutôt que de la voir tant souffrir, prenez-la, je vous en supplie. Tout semblait fini : il n'y avait plus que son pauvre cœur qui battait encore! Elle prononça une dernière parole que nous ne pûmes saisir : ce fut son dernier effort. Après avoir rempli vaillamment son devoir jusqu'au bout, elle entre dans un assoupissement, précurseur de sa fin prochaine, disant peu de chose jusqu'à cinq heures et demie, qui fut le moment de sa délivrance. Les mêmes cloches, qu'elle avait entendues le matin joyeuses, pleuraient maintenant et convoquaient la ville à se souvenir des morts. « *Ce jour-là*, avait-elle dit cinq semaines auparavant, souhaitant que ce fût celui de sa mort, *ce jour-là il n'y a pas de purgatoire, il est fermé pour vingt-quatre heures!* » Toute belle et toute pure, son âme venait de s'envoler vers Dieu.

« Me croyez-vous, s'écrie la malheureuse mère après avoir raconté ce qu'on vient de lire, me voyez-vous devant ma pauvre enfant qui venait de me quitter ? Mon cœur était déchiré et ma douleur affreuse. On voulut me séparer de sa dépouille : Non, non, répondis-je d'un ton qui imposait silence, elle me l'a fait promettre, je ne la quitterai pas ; c'est elle qui me quittera la première. On insista de nouveau pour le temps qu'on allait la revêtir de sa robe blanche et l'ensevelir : « Ne craignez rien, leur dis-je, je n'ouvrirai point la bouche pour vous troubler. » Et cette digne mère, aidée d'une sœur garde-malade, rendit à sa chère Maria ce suprême devoir !

Une odeur suave, répandue dans l'appartement, ôtait à sa dépouille le lugubre aspect de la mort. Revêtue de ses habits blancs, la fraîcheur sur le visage, une charmante couronne sur la tête, elle rappelait la parole du saint Evangile : « Cette jeune fille n'est pas morte, elle sommeille. » Moi-même, dit sa mère, en la voyant, j'avais peine à la reconnaître, la mort ne l'avait pas vaincue, elle l'avait transfigurée.

L'heure de la séparation étant venue, je voulus assister aux moindres détails. La même religieuse se chargea de la placer délicatement dans son cercueil. Rien ne fut épargné. Nous prîmes dans la maison tout ce qu'il y avait de plus beau : un chapelet, des médailles en cuivre, comme elle les aimait, une couronne, son vêtement blanc, ses bas de Trappistine, un ruban bleu ; tout cela convenait si bien à son visage vermeil que la mort avait rendu si beau ! Nous lui fîmes toutes nos adieux, comme si elle eût pu nous entendre. Après quoi le couvercle se referma pour toujours !

« Il y eut après cela un moment horrible, que je n'essaierai point de décrire, ajoute la mère, dont le courage devait faillir après de telles épreuves. Cependant je tins bon jusqu'au bout. Quand on fit la levée du corps, j'étais à genoux tout près de son cercueil. Je ne priais pas : être auprès de toi, chère Maria, c'était alors tout ce que pouvait ta mère ! Mon cœur, trop plein, ne savait plus de quel côté se jeter, j'étais comme paralysée par la douleur. Il n'y eut aucun trouble à ce moment ; je ne fis pas un geste, je ne poussai pas un cri. Dix-huit jeunes filles ne permirent pas qu'on la déposât dans le corbillard : c'était à qui la porterait le plus longtemps ; à l'envi elles se disputaient un tel honneur. Autour du cercueil, les plus petites tenaient des couronnes blanches qu'elles déposèrent dans le tombeau, à l'exception d'une seule que je conserve comme un trésor. Le temps était magnifique ce soir-là : l'inhumation avait lieu aux dernières lueurs du jour ; à Granville, où tout est bruit et fracas, son passage dans les rues inspirait de la pitié, et l'on remarqua un calme et un recueillement exceptionnel pendant cette cérémonie. Au cimetière, il se passa une scène touchante. Une petite fille, qui l'avait connue, ne pouvait se décider à la quitter : il fallut qu'une des religieuses essayât de sécher les larmes de cette bonne enfant et calmât son émotion.

Si les compagnes de Maria, ses petites amies du couvent, avaient pu former autour de sa dépouille une blanche couronne d'innocence, nul doute qu'elles ne lui eussent rendu, comme la chère petite qui pleurait au cimetière, le suprême hommage de la douleur.

« Chère sœur, lui écrivait un jour une compagne désolée, on ne s'oublie pas pour se quitter ; et nos âmes n'ont-elles pas les mêmes aspirations, le même but ? C'est là le lien qui nous unit. Votre départ ne l'a pas brisé, puisque toujours vous priez pour moi et que je vis par la pensée dans la sainte Maison qui vous abrite. A Dieu ! priez pour nous ! » La sainte Maison dont parlait alors l'amie d'enfance s'appelait un monastère. Aujourd'hui, qu'il a changé de nom et qu'il s'appelle le Ciel, il fera bon de vivre avec elle par la pensée. Quel meilleur baume à nos blessures que la sainte Espérance ? La vie n'est qu'une séparation continuelle ; du moins, en se quittant, il est doux de pouvoir se dire : Au revoir !

Chère Maria, bonne et généreuse enfant, vous nous avez quittés ! En peu d'années vous avez fourni votre carrière. Que votre âme aimante, candide, repose éternellement au sein de Dieu ! Puissions-nous un jour vous y revoir !

Le 5 novembre, on écrivait de Laval au sujet de cette chère enfant : « Je vous remercie de la délicate attention qui vous a porté à m'écrire cette mort si édifiante que j'étais loin de soupçonner. Son âme m'était très-chère, je vous assure. Elle m'avait avertie

qu'elle ne vivrait pas longtemps, *qu'elle mourrait à vingt ans, peut-être auparavant.* Je ne faisais que rire de son assurance et, me moquant d'elle, je l'appelais « *mon petit prophète* ». Alors elle me disait avec un accent de voix et des yeux si brillants : « *Oh ! le ciel ! le ciel !* » — Vraiment ! petite voleuse, vous voudriez le prendre si vite ! Oh ! non, le ciel, le ciel ! attendez donc. Puis nous parlions d'autre chose.....
Elle vient de mourir ! Dieu l'a permis pour sa gloire et, sans aucun doute, pour le bien de plusieurs. Une mort aussi édifiante et un détachement aussi prononcé dans un âge aussi jeune présageaient que le Seigneur lui avait fait entrevoir les beautés de l'éternité, et que son cœur n'était pas pour la terre. Il s'est hâté de l'attirer à lui et de lui donner la couronne que son innocence et son amour lui avaient mérités. Dieu est admirable dans ses saints ! Qu'elle prie pour nous, cette chère enfant, et qu'elle nous obtienne la mort des justes !... »

Sur une modeste croix qui recouvre maintenant cette fosse fraîchement creusée, en un endroit solitaire comme il convenait à son innocente dépouille, on lit ces mots :

MARIA LE CHAPLAIN

EN RELIGION SŒUR MARIE - URSULE,

NOVICE TRAPPISTINE,

MORTE DANS SA 20ᵉ ANNÉE,

LE 1ᵉʳ NOVEMBRE 1876.

REQUIESCAT IN PACE !

CONCLUSION

———

Et maintenant que j'ai rempli un pieux devoir, que la mort de sa tante me rendait encore plus sacré, je dépose la plume, le cœur attristé sans doute d'une mort aussi prématurée, mais rempli pourtant d'une douce et consolante résignation. Car pourquoi nous attrister lorsque la foi et l'espérance, dévoilant à nos regards un séjour meilleur, nous disent tant de nous réjouir ? La vie de cette pieuse jeune fille, couronnée d'un trépas si édifiant, ne nous montre-t-elle point que « *l'homme vit peu de jours et que ce peu est rempli de beaucoup de misères ?* » Si la croix fut ici-bas la richesse et l'unique aspiration de son innocente vie, comment ne pas bénir les rigueurs d'une mort qui combla ses plus ardents désirs, changeant en joies les épines de sa couronne.

Passée à Granville et en famille, son enfance joyeuse, au milieu des siens qu'elle réjouissait, se termina par une première communion, embaumée des plus suaves parfums de l'innocence : encore dut-elle déjà passer par des épreuves qui trempèrent fortement son caractère et lui firent toute sa vie envisager Dieu comme le Père des orphelins et le Consolateur des âmes que le malheur rapproche de Lui.

La première aube de sa belle vie, pour sa mère affligée des peines les plus sensibles, rayonnait de délices incomparables : en ces jours remplis d'amertume, elle était l'ange de la consolation.

Vint ensuite l'ardente jeunesse qu'un caractère emporté et impétueux rendait pour elle plus dangereuse. Heureusement comprimée au couvent de Valognes par d'habiles et prudentes Mères, redressée dans ses écarts, la nature consentit à s'épanouir au soleil de la grâce. Fleur délicate, transplantée dans la bonne terre d'une maison religieuse, Dieu ne permit pas que le contact du monde vint la ternir : il la cueillit dès le printemps, jaloux de sa beauté ; et avant qu'elle n'eût rien appris de la terre, de ses hontes, de ses misères, il fixa ses yeux ravis sur les visions célestes qui firent à la fois le bonheur et le tourment de sa courte existence. Elle eut en effet de bonne heure l'ambition de se donner totalement à Dieu. Deux fois elle atteignit presque la Terre promise de la vie religieuse ; deux fois la maladie, comme un coup de vent dans la tempête, la rejeta loin du port et l'éloigna pour toujours d'un paradis terrestre qui se changeait en un Calvaire affreux.

Étrangère aux choses de ce monde où elle revint mourir, plante arrachée à ce sol monastique qu'elle chérissait et où seulement elle croyait pouvoir vivre, elle ne fut rendue à sa mère que pour lui être promptement ravie par Celui qui se réserve le droit de cueillir les fruits mûrs pour le ciel. Ah ! ne nous plaignons pas des arrêts de la Providence, et surtout n'allons pas dire : Pourquoi le Seigneur nous l'a-t-il enlevée ? Que désirions-nous pour cette enfant de bénédiction, sinon le bonheur ? Heureuse fut-elle d'avoir pu si heureusement parvenir au terme de ses aspirations les plus ardentes, et entrer, nous l'espérons bien, en possession d'un bonheur dont tous ceux de ce monde ne sont pas même une image, une ombre, ou le simple reflet.

J'aime à penser, avec l'une de ses compagnes les plus chères, que « l'approche de ce bon et beau caractère fera du bien aux jeunes filles, aux enfants de Marie, auxquelles particulièrement cette vie est destinée. » Les Cahiers de la pieuse pensionnaire ont fourni la trame ordinaire du récit : ses Notes intimes, ses Lettres soigneusement conservées, son Journal des vacances ont permis de saisir en quelque sorte son âme en flagrant délit de sincérité. Rien n'a été habilement caché dans l'ombre, ni ses défauts, ni ses fautes ; à quoi bon dissimuler les faiblesses de notre nature et peindre un idéal désespérant lorsque l'Evangile lui-même nous raconte les combats du Sauveur et ses humaines répugnances aux approches de la Passion ? Les âmes bénies de Dieu, les saints eux-mêmes ont leurs faiblesses, spécialement au début de la carrière où les pousse l'Esprit divin, et je ne sais rien de plus encourageant, pour la pensionnaire qui lira ce livre, que des combats où la nature ne semble réclamer ses droits que pour donner à la grâce le plus beau relief de sa victoire.

On a donc cru devoir tout raconter avec la sincé-

rité la plus complète : même on pourrait ajouter que
l'auteur, effacé le plus possible dans l'ombre du modèle qu'il voulait peindre, n'a eu d'autre préoccupation que celle de la vérité en un récit qu'il réservait
d'abord aux seules compagnes de la pieuse enfant.
Son manuscrit, rédigé sans prétention littéraire, n'é-
tait point destiné à une publicité plus étendue que la
pension où survivait, après la mort de la chère Présidente, le souvenir d'une éminente vertu. Des personnes autorisées, après en avoir pris lecture, en ont
jugé tout autrement. Elles ont pensé que ces pages
édifiantes pouvaient être de quelque utilité aux nom-
breuses associations de jeunes filles qui, sous la bannière de Marie-Immaculée, sont « *en spectacle à
Dieu, aux anges et aux hommes* », dans ce siècle
attristé qui touche à son déclin et présente les plus
étranges contrastes de belles âmes cachées et d'impu-
dentes corruptions étalées au grand jour.

On eût aimé le silence autour de cette virginale
dépouille et il en a coûté d'en venir aux retentisse-
ments de la publicité. La chère défunte nous par-
donnera ce peu de bruit fait autour de son tombeau.
Si la lecture de ses bonnes actions et de ses généreux
élans vers Dieu font quelque bien aux âmes, notre
unique but sera rempli. Car, en terminant ces pages,
tracées à la hâte et sous le souffle encore palpitant de
sa mémoire, n'est-ce pas là, devant Dieu, le seul
souhait d'un cœur vaillant qui, l'ayant beaucoup
aimée, lui a payé largement la dette de l'amitié dans
notre récit ? Un tel souhait sera le nôtre : « Puissent

ces quelques lignes, bénies par celle qui les inspira, provoquer de bonnes pensées, encourager de bons désirs, faire aimer la Sainte-Vierge et les vertus du premier âge! Ma mémoire et mon cœur ont fourni les détails que je vous livre : c'est le cœur surtout qui devra écrire la vie de cette excellente enfant! » Que sa mémoire soit à jamais en bénédiction!

Requiescat in pace!

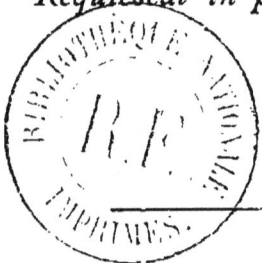

TABLE DES MATIÈRES

Meaux. — Imprimerie Ch. COCHET.

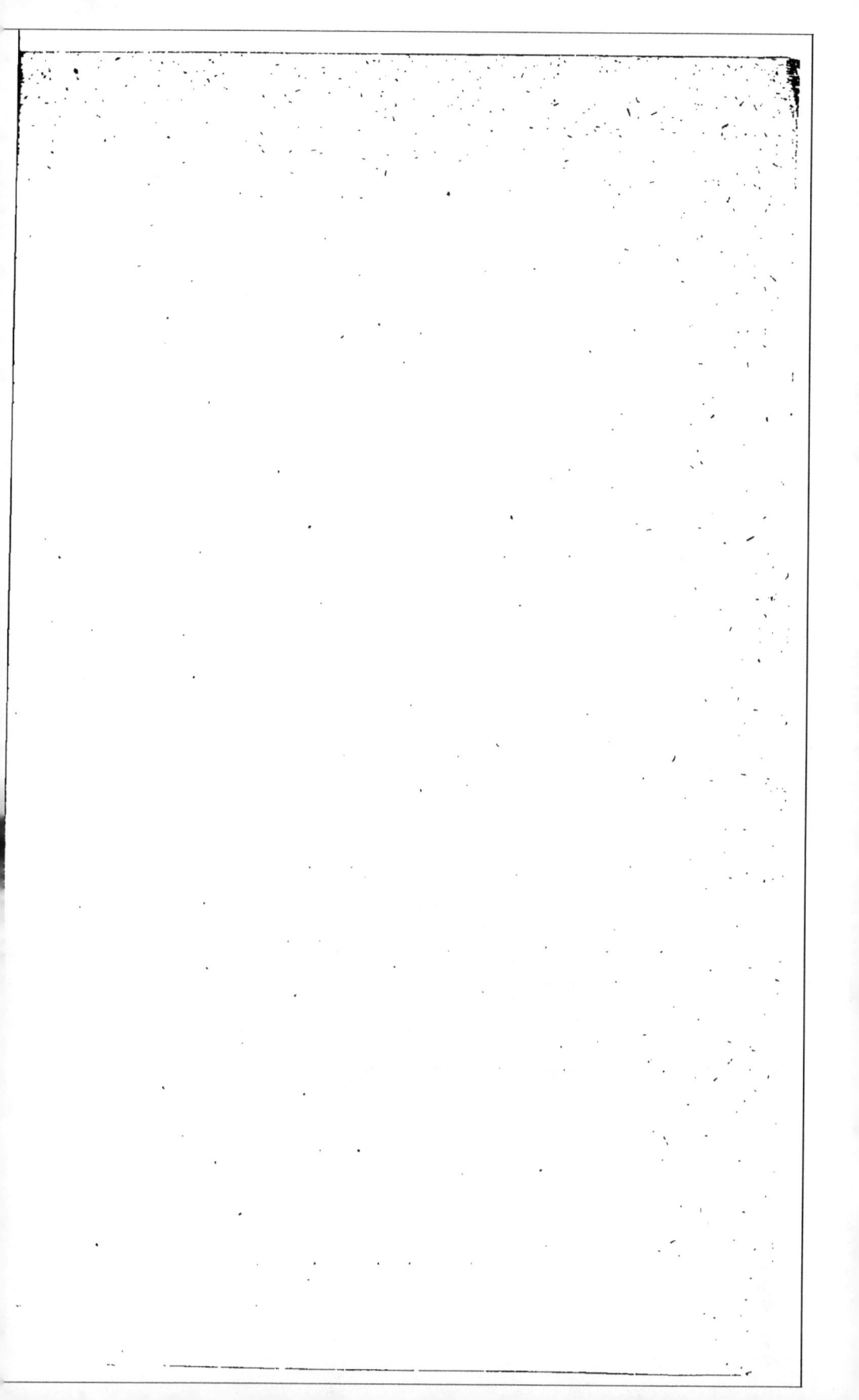

A LA MÊME LIBRAIRIE

HISTOIRE DE L'ÉGLISE CATHOLIQUE EN FRANCE, depuis son origine jusqu'au concordat de Pie VII, par Mgr Jager.

21 volumes, chacun de plus de 500 pages. . . . 100 fr. »

DISCOURS DE NOTRE-TRÈS-SAINT-PÈRE LE PAPE PIE IX, adressés dans le Palais du Vatican aux fidèles de Rome et du monde catholique, depuis le commencement de sa captivité, recueillis et publiés par le R. P. D. Pasquale de Franciscis, 3 forts volumes. . 15 »»

HISTOIRE DES CONCILES, par Mgr Hefele, évêque de Rottenbourg, 12 vol. in-8° de 640 pages. . . . . 72 »»

CONFÉRENCES SUR LA RELIGION, par Mgr de Frayssinous, évêque d'Héliopolis, 3 beaux vol. in-8° . . . . . 10 »»

BIBLIOTHÈQUE DE LA FAMILLE, encouragée par N. S. P. le Pape Pie IX et par Mgr l'archevêque de Paris, sous la direction de l'abbé Orse, 42 vol. in-18, broché. . . . . 1 »»

Relié en percaline avec dorure sur le plat. 1 60

Même reliure, tranche dorée. 1 75

Meaux. — Imp. CH. COCHET. 16, rue Saint-Etienne.